STEPHAN UNTERBERGER

MUSIK ERZÄHLEN | 2

Fertige Unterrichtsbausteine für das Fach Musik

9 Hörgeschichten mit Kopiervorlagen | 4. – 7. Schuljahr

HELBLING

Innsbruck • Esslingen • Bern-Belp

Quellenverzeichnis

Illustrationen: Fides Friedeberg: S. 36 unten; Eike Markus: S. 9; Inkje von Wurmb: S. 15 unten, 31 alle

Fotos und Abbildungen: iStock: S. 11 oben, 34 oben, S. 43 links; Shutterstock: S. 21 oben; Beethoven-Haus Bonn: S. 25 unten, 27; Christian Husar, Bühne Baden: S. 8 unten rechts, 42 oben (Bob Jagendorf); Flickr: S. 8 Mitte (Philipp Zieger), 13 oben (Jeronimo Gomato Esperilla), 16 oben (Darren Copley), 17 unten (Toshiyuki Imai), 20 (komehachi888), 23, 29 oben (George Thomas), 39 oben (Oscar Cuadrado Martinez), 39 unten (ynaka29), 40 Mitte (tim.klapdor), 41 (Thomas Maluck Foto/Film); Fotosearch: S. 16 unten; Freies Landestheater Bayern: S. 6, 7 rechts; Kerem Unterberger: S. 4 alle, 15 alle, 18 Mitte; Konditorei Fürst: S. 21 unten links; Library of Congress, Violin, Antonio Stradivari, Cremona, 1683: S. 35 unten; m1a2clarinetesoto.webnode.es: S. 11 unten; Midwest Musical Imports, Buffet Crampon RC Prestige Basset A Clarinet: S. 13 unten links; pixabay.com: S. 10 Mitte, 45; The Metropolitan Museum of Art: S. 26 unten links; Wikipedia (public domain): S. 7 oben und unten links, 8 oben links, 10 oben, 12 oben, 12 unten links (Fewskulchor), 12 unten rechts (Ralf Roletschek), 13 unten rechts (Museum für Kunst und Gewerbe Hamburg), 14 (Buffet Crampon), 17 rechts, 18 oben (Medvedev), 19 oben, 21 rechts (Gérard Janot), 24, 25 oben (Sir James), 26 oben und unten rechts, 29 unten, 30, 32, 33, 34 unten, 35 oben, 36, 38, 39 Mitte, 40 oben und unten, 42 unten, 43 unten Mitte (Wolfgang Sauber), 43 rechts, 44 (Bundesarchiv, Bild 102-11081 / Georg Pahl / CC-BY-SA 3.0); ZVAB.com: S. 10 unten

Abbildungen Umschlag: Wikipedia; Flickr: Bob Jagendorf, gegenlicht, Óscar Cuadrado; Bühne Baden (Christian Husar), Eike Markus

Impressum

Idee und Text: Stephan Unterberger
Redaktion: Linda Meiselbach
Cover: marinas medien- und werbeagentur
Layout, Satz und Gestaltung: Helmut Mangott, Athesia-Laserpoint
Druck: Athesia-Druck

S8571
ISBN 978-3-99035-985-3
ISMN 979-0-50276-035-9

1. Auflage A1^1 / 2019

Alle Drucke dieser Auflage können im Unterricht nebeneinander verwendet werden, sie sind inhaltlich unverändert. Die letzte Zahl bezeichnet das Jahr des Druckes.

© 2019 Helbling, Innsbruck · Esslingen · Belp-Bern

Inhalt

Vorwort

Die Hefte

Musik erzählen bieten Themen des Musikunterrichtes für die Jahrgangsstufen 4 bis 7 in neuer Form: Der Einstieg erfolgt immer über eine Hörgeschichte, an die Arbeitsblätter als Kopiervorlagen geknüpft sind. Diese schulen und vertiefen Kompetenzen des Musikunterrichts (siehe Überblick rechts). Alle Lösungen finden Sie im Heft ab Seite 46.

Der Text der Hörgeschichte ist jeweils als Kopiervorlage angeboten, damit sind Sie sehr flexibel: Je nach Bedarf und Situation können Sie die Kopien an die Schüler ausgeben, diese können den Text beim Hören mitlesen und dabei die Schreibung von Fachausdrücken und Namen erkennen, aber den Text auch selber lesen, vorlesen, für die Lösungen der Aufgaben der Arbeitsblätter zu Rate ziehen, zur Festigung und Wiederholung nach Hause mitnehmen usw.

Jeweils zwei Arbeitsblätter pro Kapitel bieten oft eine aktive musikalische Betätigung in Form von Spiel-mit-Sätzen, Spielsätzen, Singen, rhythmischer oder szenischer Gestaltung. Außerdem gibt es Materialien zum aktiven Hören und Erkennen von Musik, zum Verstehen, zur Vermittlung und zur Festigung von Kenntnissen.

Zur Differenzierung der Aufgaben dienen drei Symbole, die Folgendes bedeuten:

- ● auch für Jüngere einfach lösbare Aufgaben mit Basiswissen/-kompetenzen/-fähigkeiten
- ■ Aufgaben mit etwas höheren Anforderungen
- ★ anspruchsvollere Aufgaben für etwas ältere Schüler mit einiger Erfahrung

Hinweis: Aus Gründen der leichteren Verständlichkeit verwenden wir Schüler, Spieler, Lehrer usw., meinen aber immer auch Schülerin, Spielerin, Lehrerin usw.

Themen und Lernbereiche

MUSIK ERZÄHLEN | 2	Werk-betrachtung	Lebens-bild	Instrumenten-kunde	Form, Gattung	Musik-praxis
Der Freischütz (S. 6)	X	X			
Das Klarinettenkonzert (S. 11)	X		X		X
Die Chaconne (S. 16)	X		X	X	X
Mozarts Klaviervariationen (S. 20)	X			X	X
Beethoven (S. 24)		X		X	X
Sommer und Herbst (S. 29)	X	X		X	X
Winter und Frühling (S. 34)	X		X		X
Peer Gynt (S. 38)	X				X
Aus der Neuen Welt (S. 42)	X	X		X	X

Hörgeschichte

	Inhalt und Handlung
Der Freischütz (S. 6)	Weber dirigiert die Uraufführung der Oper und denkt an sein Leben zurück.
Das Klarinettenkonzert (S. 11)	Paul besucht eine bekannte Klarinettistin bei der Probe des Konzerts.
Die Chaconne (S. 16)	Ein Cembalist erklärt sein Instrument und spielt Variationen.
Mozarts Klaviervariationen (S. 20)	Mozart spielt seinem Sohn das Werk vor und erklärt es ihm.
Beethoven (S. 24)	Im Beethoven-Haus lernen wir sein Leben und seine Werke kennen.
Sommer und Herbst (S. 29)	Ein Musikforscher besucht Vivaldi im Ospedale bei einer Orchesterprobe.
Winter und Frühling (S. 34)	Ein Jungjournalist erfährt von einem Geiger viel über die Violine und Vivaldis Werk.
Peer Gynt (S. 38)	Der Trollkönig und sein Vetter aus Marokko erzählen von Peers Abenteuern.
Aus der Neuen Welt (S. 42)	Erzählung über das Leben des Komponisten und dessen 9. Sinfonie

Arbeitsblätter: Kompetenz- und Lernbereiche

	Singen, Musizieren, Bewegen	Musik hören und verstehen	Komponisten kennen-lernen	Musiklehre, Formen, Gattungen	Instrumente kennen-lernen
Der Freischütz (S. 6)		A1, A2	A2	A2	
Das Klarinettenkonzert (S. 11)	A1	A1		A1	A2
Die Chaconne (S. 16)	A2	A1		A1, A2	A1
Mozarts Klaviervariationen (S. 20)	A2	A1		A1, A2	
Beethoven (S. 24)	A2	A1	A1	A1	
Sommer und Herbst (S. 29)	A2	A1	A1	A1	
Winter und Frühling (S. 34)	A2	A1, A2		A1	A1
Peer Gynt (S. 38)	A1, A2	A1		A1, A2	
Aus der Neuen Welt (S. 42)	A2	A1		A1, A2	

A1 = Arbeitsblatt 1, A2 = Arbeitsblatt 2

Übersichtstabellen

Der Freischütz

Carl Maria von Weber und seine berühmte Oper

Kopiervorlagen

🔊		Hörgeschichte
ARBEITS-BLATT	1	*Der Freischütz in Comics*
	2	*Weber und die romantische Oper*

Audiobeispiele

01 – 06	Hörgeschichte mit Musikausschnitten aus C. M. v. Weber: *Der Freischütz*

Webers Geniestreich, sein *Freischütz*, gehört zurecht zu den
beliebtesten Opern: Romantische Natur, eine spannende
Handlung, tiefe Empfindungen und Gefühle sind eingebettet
in eine mitreißende Musik.

Nationale Oper

Der Freischütz ist bis heute eine der meistgespielten deutschen Opern. Grund dafür ist nicht zuletzt
die effektvolle und gefühlsbetonte Musik Webers
(1786–1826) mit ihren zahlreichen Ohrwürmern.

Die Uraufführung des Werks fand am 18. Juni 1821
im neu errichteten Königlichen Schauspielhaus in
Berlin statt. *Der Freischütz* wurde als deutsche Volks-
oper schlechthin empfunden und nach den Wirren
der napoleonischen Kriege zum Sinnbild einer nationalen Wiedergeburt. Auch die Handlung der Oper
spielt unmittelbar nach der Beendigung eines großen
europäischen Konflikts, des Dreißigjährigen Kriegs
(1648).

Die Allgemeine Musikalische Zeitung schrieb im April
1843, der *Freischütz* sei „die erste in jeder Beziehung

rein deutsche Nationaloper." Dabei beinhaltet das Werk
eine Mischung musikalischer Gestaltungselemente
verschiedener Herkunft, etwa Arien italienischer oder
Romanzen französischer Art. Dazu spielt sie keines-
wegs in Deutschland, sondern in Böhmen, auch wenn
Weber das zerklüftete Elbsandsteingebirge unweit von
Dresden als Inspirationsquelle für die Wolfsschlucht
genutzt haben könnte.

Erfolge

Die Uraufführung in Berlin war ein triumphaler Erfolg,
an den sich weitere im gesamten Deutschen Bund
anschlossen. Manche Melodien, wie der Chor der
Brautjungfern, wurden zu regelrechten Gassenhauern,
was Heinrich Heine zu der bekannten ironischen Be-
merkung veranlasste: „Haben Sie noch nicht Maria von

Webers *Freischütz* gehört? Nein? Unglücklicher Mann! Aber haben Sie nicht wenigstens aus dieser Oper das *Lied der Brautjungfern* oder den *Jungfernkranz* gehört? Nein? Glücklicher Mann!"

Carl Maria von Weber zur Zeit der Komposition des *Freischütz*

Carl Maria von Weber

Webers Vater Franz Anton von Weber behauptete, von einer süddeutschen Adelsfamilie gleichen Namens abzustammen und daher das „von" vor dem Familiennamen führen zu dürfen. Er war übrigens der Onkel von Mozarts aus Mannheim stammender Frau Constanze, die in Wien als Sängerin wirkte. Ein Jahr nach Mozarts Hochzeit heiratete Franz Anton von Weber in zweiter Ehe die ebenfalls in Wien lebende Sängerin Genovefa Brenner.

1786 wurde ihr ältester Sohn Carl Maria geboren. Drei Jahre später gründete ihr Mann eine Wandertheater-Kompanie und die Familie reiste durch ganz Deutschland. So war der Sohn von frühester Kindheit an mit der Bühne vertraut. Auch nach Auflösung dieser wenig erfolgreichen Kompanie reiste Franz Anton unruhig umher. In Salzburg starb Genovefa im Alter von 34 Jahren an Tuberkulose; Carl Maria war gerade zwölf Jahre alt.

Auch die weitere Jugend von Carl Maria verlief unstet. Sein Vater ließ ihm zwar da und dort Klavierunterricht geben in der Hoffnung, dass er ihn als Wunderkind wie Mozart präsentieren könnte. Dies hatte – wie die meisten seiner Unternehmungen – wenig Erfolg; immerhin erhielt Carl Maria so eine gute musikalische Ausbildung. Als Komponist wurde er auch maßgeblich durch den Unterricht bei Abbé Georg Joseph Vogler 1803/04 in Wien geprägt.

Wolfsschluchtspuk, Illustration zu einer Londoner *Freischütz*-Parodie

Die Unruhe von Webers Jugend blieb ihm später erhalten. 1814 schrieb er in einem Brief: „Mein Leben ist doch ein ewig stürmisches Treiben ohne Rast und Ruhe …"

Ab 1817 war Weber Königlicher Kapellmeister und Direktor der deutschen Oper am Dresdner Hoftheater und er begann zwei Jahre später mit der Komposition des *Freischütz*. Uraufgeführt wurde die Oper aber nicht in Dresden, sondern in Berlin. Seine weiteren großen Opern (u. a. *Euryanthe* und *Oberon*) erreichten bis heute nicht die Popularität des *Freischütz*.

Weber starb 1826 wie schon seine Mutter an Tuberkulose. In seiner Grabrede sagte Richard Wagner, dass „nie ein deutscherer Musiker" gelebt habe als Weber, was dazu führte, dass Weber lange als deutscher Nationalkomponist missverstanden wurde.

Aufführung des Freien Landestheaters Bayern

Arbeitsblatt 1: *Der Freischütz in Comics*

Die Hörgeschichte verknüpft Informationen zur Handlung der Oper mit solchen zu Webers Kindheit. Auf diesem Arbeitsblatt haben die Schüler eine kurze Inhaltsangabe und die gesungenen Texte von vier Szenen (◉ 02–05) zur Verfügung und sollen sie vier Comics zuordnen.

Arbeitsblatt 2: *Weber und die romantische Oper*

Aufgabe 1 evaluiert Aussagen aus der Hörgeschichte zu Webers Leben. In der etwas anspruchsvolleren Aufgabe 2 geht es um die Verknüpfung von Begriffen aus der Oper mit drei wichtigen Merkmalen der Romantik. Aufgabe 3 schult die Hörkompetenz und verlangt das Übereinstimmen verbaler Musikbeschreibungen mit Abschnitten aus der Ouvertüre (◉ 01).

Hörgeschichte

Der Freischütz: Hörgeschichte

Briefmarke zum 200. Geburtstag Webers

◉ 01 Ouvertüre

Der 35-jährige Komponist Carl Maria von Weber steht vor dem Orchester des Berliner Schauspielhauses und dirigiert seine Oper *Der Freischütz*. Zum ersten Mal wird sie aufgeführt und Weber fiebert einem Erfolg entgegen. Während des Dirigierens der Ouvertüre schweifen seine Gedanken ab. Er denkt daran, wie sein Vater, ein wenig erfolgreicher Musiker, eine reisende Theatergruppe gegründet hatte. Und die ganze Familie, auch das kleine Kind Carl, musste überallhin mit: quer durch Europa, von Norden nach Süden, von Westen nach Osten.

Aber jetzt hebt sich der Vorhang und wir sehen auf der Bühne eine romantische Waldlandschaft und den verzweifelten jungen Jäger Max. Er liebt Agathe, die Tochter des Försters. Um sie heiraten zu können, muss er am nächsten Tag mit einem Probeschuss vor dem Fürsten Erfolg haben. Doch Max hat große Angst zu versagen und so Agathe zu verlieren.

◉ 02 *Hat denn der Himmel mich verlassen?*

Carl Maria von Weber freut sich, dass er hier in Berlin so ausgezeichnete Musiker zur Verfügung hat. Aber er denkt auch wieder an seine Kindheit: Wie sein Vater aus ihm ein Wunderkind machen wollte wie Mozart. Auch die Familie Weber lebte einige Zeit in Salzburg, wo Mo-

zart geboren wurde. Aber dort starb auch Carls über alles geliebte Mutter, als er zwölf Jahre alt war.

Doch Weber muss seine Oper weiter dirigieren: Nun sind wir in Agathes Haus und Max gesteht ihr und ihrer Cousine Ännchen, dass er diese Nacht noch in die Wolfsschlucht müsse, um einen erlegten Hirsch zu holen. In Wirklichkeit will er dort aber in seiner Verzweiflung mit Kaspar, einem anderen Jäger, sogenannte Freikugeln gießen. Diese Gewehrkugeln verfehlen ihr Ziel nie, jede siebte gehört aber dem Teufel und trifft, was dieser will.

Das sächsische Elbsandsteingebirge könnte Weber als Vorbild für die Wolfsschlucht gedient haben.

◉ 03 *Wie? Was? Entsetzen!*

In der Wolfsschlucht ruft Kaspar um Mitternacht Samiel, den Teufel, an. Ihm hat Kaspar seine Seele verschrieben. Max überwindet sich und steigt auch in die furchteinflößende Schlucht. Umgeben von unheimlichen Geistern gießen Kaspar und Max die Freikugeln.

◉ 04 *Samiel! – Samiel! Hilf!*

Carl Maria von Weber denkt wieder an seine Kindheit, in der sein Vater zu viel von dem erwünschten Wunderkind erwartete. Nein, ein Wunderkind war er nie gewesen. Er trat später als Pianist und Dirigent auf und immer komponierte er fleißig. Und nun sollte mit seiner Oper *Der Freischütz* endlich auch der lang ersehnte große Erfolg kommen.

Auf der Bühne verschießen Max und Kaspar bei der Jagd sechs der Freikugeln, sodass Max beim Probeschuss nur noch die vom Teufel gelenkte siebte Kugel übrig bleibt. Der Fürst befiehlt ihm auf eine weiße Taube zu schießen. In diesem Moment erscheint Agathe im weißen Brautkleid. Sowohl sie als auch Kaspar fallen nach dem Schuss mit einem Schrei zu Boden.

◉ 05 *Schaut! Oh schaut!*

Doch nicht Agathe ist getroffen, sondern Kaspar: Ein frommer Einsiedler hat die vom Teufel für Agathe bestimmte Kugel abgelenkt. Der Fürst vergibt Max und dieser darf Agathe heiraten. Den Probeschuss, der allein über die Zukunft von Menschen entscheidet, soll es aber in Zukunft nicht mehr geben.

Und Carl Maria von Weber? Er freut sich riesig, als das Publikum am Ende in Jubel ausbricht, und ihm ist endgültig klar: Man muss kein Wunderkind gewesen sein, um zu einem gefeierten Komponisten zu werden.

◉ 06 *Wer rein ist von Herzen*

Szene in der Wolfsschlucht bei einer Aufführung der Bühne Baden

Der Freischütz in Comics

Aufgabe

Hör nochmals vier Ausschnitte aus dem *Freischütz* ( 02–05) und lies die gesungenen Texte mit. Nummeriere die Bilder in der richtigen Reihenfolge!

Der **Freischütz**

02

Der Jägerbursche Max ist beim Schießwettbewerb nicht erfolgreich und fürchtet nun, beim Probeschuss am nächsten Tag zu versagen:

Max: *„Hat denn der Himmel mich verlassen? Die Vorsicht ganz ihr Aug' gewandt? Soll das Verderben mich erfassen? Verfiel ich in des Zufalls Hand?"*

03

Max besucht Agathe und erzählt ihr und ihrer Cousine Ännchen, dass er heute noch in die Wolfsschlucht müsse.

Agathe: *„Wie? Was? Entsetzen! Dort in der Schreckensschlucht?"*
Ännchen: *„Der wilde Jäger soll dort hetzen, und wer ihn hört, ergreift die Flucht."*
Max: *„Darf Furcht im Herz des Weidmanns hausen?"*
Agathe: *„Doch sündigt der, der Gott versucht!"*
Max: *„Ich bin vertraut mit jenem Grausen, das Mitternacht im Walde webt."*

04

Als sie in der Wolfsschlucht Freikugeln gießen, ruft Kaspar Samiel, den Teufel, an; Max ebenso.

Kaspar: *„Samiel! – Samiel! Hilf! – Sieben!"*
Max: *„Samiel!"*

05

Nach dem Schuss mit der vom Teufel gelenkten Freikugel hat Agathe überlebt, Kaspar ist getroffen: Ein frommer Einsiedler hat die Kugel abgelenkt.

Chor: *„Schaut! Oh schaut! Er traf die eig'ne Braut!"*
Einige: *„Der Jäger stürzte vom Baum!"*
Chor: *„Wir wagen's kaum, nur hinzuschau'n! Oh furchtbar Schicksal, oh Grau'n! Unsre Herzen beben, zagen! Wär' die Schreckenstat gescheh'n? Kaum will es das Auge wagen, wer das Opfer sei, zu seh'n."*

Der Freischütz: Arbeitsblatt 1

2
Arbeitsblatt

Weber und die romantische Oper

 **Aufgabe 1** Unterstreiche nach dem Anhören der Geschichte (◎ 01) die richtigen Aussagen.

- Weber war ein Wunderkind.
- Webers Vater hatte eine reisende Theatergruppe.
- Die Familie Weber war ständig auf Reisen.
- Webers Mutter starb in Wien.
- *Der Freischütz* wurde zum ersten Mal in Dresden aufgeführt.
- Webers Vater war ein wenig erfolgreicher Musiker.

Carl Maria von Webers Oper *Der Freischütz* gilt als erste deutsche Oper der Romantik. In der Kunst dieser Epoche spielen die Themen Natur, Erlösung, aber auch das Übernatürliche und Furchterregende eine besondere Rolle. All dies findet sich auch im *Freischütz*.

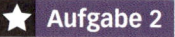 **Aufgabe 2** Lies den Text der Hörgeschichte. Ordne dann den drei romantischen Themen in der Mitte die zehn Begriffe zu, die in der Oper vorkommen. Zieh Linien; auch mehrfache Zuordnungen sind möglich.

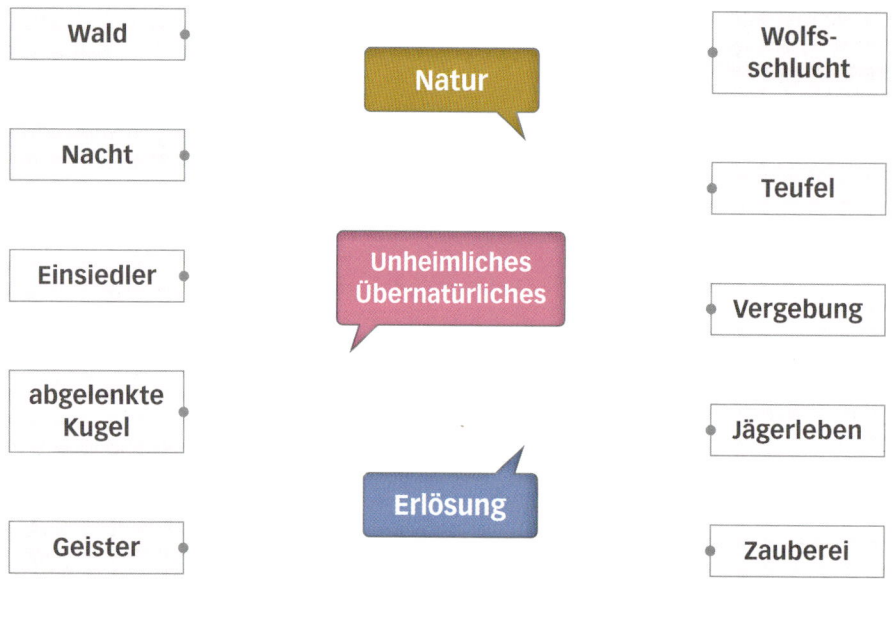

Wald		Wolfs-schlucht
Nacht	**Natur**	Teufel
Einsiedler	**Unheimliches Übernatürliches**	Vergebung
abgelenkte Kugel		Jägerleben
Geister	**Erlösung**	Zauberei

In der instrumentalen Einleitung zur Oper, der Ouvertüre, kann man besonders gut beobachten, wie Weber mit dem Orchester bestimmte Stimmungen erzeugt. Er schrieb selbst: „In dem *Freischütz* liegen zwei Hauptelemente: Jägerleben und das Walten dämonischer Kräfte, die Samiel personifiziert. Ich hatte die bezeichnendsten Ton- und Klangfarben zu suchen."

Aufgabe 3 Hör einen Ausschnitt aus der Ouvertüre (◎ 01) und bring den Text in die dem Hörbeispiel entsprechende Reihenfolge, indem du die Nummern 1 bis 3 einträgst.

☐ Hörnerklang und eine Soloklarinette verweisen auf Jagd und Natur.

☐ Eine sanfte Streichermelodie stellt Agathes reine Liebe zu Max dar.

☐ Voller Orchesterklang symbolisiert das Dämonische und Dramatische.

Carl Maria von Weber (1786–1826) mit 39 Jahren

Der Freischütz: Arbeitsblatt 2

Das Klarinettenkonzert

Ein Meisterwerk Mozarts

Kopiervorlagen	
🎧	Hörgeschichte
1	*Mozarts Klarinetten-konzert*
2	*Tonerzeugung bei der Klarinette*

ARBEITS-BLATT

Audiobeispiele	
07 – 10	Hörgeschichte mit Musikausschnitten aus W. A. Mozart: Klarinettenkonzert KV 622

Kaum eine Musik kommt in so vielen sehnsuchtsvollen Filmszenen vor wie das Thema aus dem zweiten Satz von Mozarts Klarinettenkonzert. Das konnte der Komponist nicht voraussehen, als er das Werk kurz vor seinem Tod schrieb.

Mozart und die Klarinette

Mozart hat den Klang der Klarinette geliebt. Als er 1778 in Mannheim Sinfonien von Carl Stamitz hörte, schrieb er an seinen Vater: „Ach, wenn wir nur clarinetti hätten! – sie glauben nicht was eine sinfonie mit flauten, oboen und clarinetten einen herrlichen Effect macht!" In dieser Zeit gab es in der Salzburger Hofkapelle noch keine Klarinetten und Mozart bemühte sich seit damals, dieses Instrument auch in Österreich gleichwertig mit der Oboe oder Flöte ins Orchester zu integrieren. Vermutlich ist es auch ihm zu verdanken, dass die Klarinette in den Sinfonien von Beethoven fest zur Bläsergruppe gehört.

Insbesondere das tiefere Bassetthorn mit seinem dunklen, zarten Klang hatte es Mozart angetan: Er komponierte Werke für zwei bis drei Bassetthörner und setzte sie auch in der *Zauberflöte* und *La clemenza di Tito* im Orchester ein (siehe auch Infobox *Kleine Klarinettenkunde*, Seite 12).

Die Entstehung seines Klarinettenkonzertes ist vor allem seinem Freund und Logenbruder Anton Paul Stadler (1753 – 1812) zu verdanken. Er war ein ausgezeichneter Klarinettenvirtuose und im Orchester des Wiener Burgtheaters sowie in der kaiserlich-königlichen Harmoniemusik tätig. „Hat doch dein Instrument

Anton Stadler

einen Ton so weich, so lieblich, dass ihm niemand widerstehen kann, der ein Herz hat", schwärmte ein Zeitgenosse vom Spiel Stadlers.

In Zusammenarbeit mit dem Instrumentenbauer Theodor Lotz entwickelte Stadler die so genannte Bassettklarinette. Sie entspricht einer B- (bzw. A-) Klarinette, ist aber etwa 18 cm länger. So erweitert sich ihr

Tonumfang um vier Halbtöne nach unten und ihr gesamter Ambitus umfasst vier Oktaven. Die tiefen Töne erinnern an den Klang des Bassetthorns.

Für dieses Instrument schrieb Mozart das Klarinettenquintett und das Klarinettenkonzert. Beide Werke wurden von Stadler uraufgeführt, das Klarinettenquintett 1789 in Wien und das Klarinettenkonzert 1791 in Prag.

Mozarts Klarinettenkonzert KV 622

In seinem letzten Lebensjahr komponierte Mozart dieses wohl schönste und reifste seiner Instrumentalkonzerte. Er vollendete es zwei Monate vor seinem Tod. Der Entwurf des Allegro-Satzes stammt schon aus dem Jahr 1787 und war für Bassetthorn und Orchester bestimmt. Als Stadler ein Jahr später die Bassettklarinette entwickelte, schrieb Mozart den Satz für dieses Instrument um.

Im Jahr 1791 komponierte er noch das Adagio und das Rondo hinzu. Über die Instrumentierung des Konzerts berichtet er seiner Frau Constanze am 7./8. Oktober nach Baden: „… dann ließ ich mir durch Joseph den Primus rufen und schwarzen koffé hollen, wobey ich eine herrliche Pfeiffe toback schmauchte; dann Instrumentirte ich fast das ganze Rondó vom Stadler. […]"

Die Originalpartitur ist verloren gegangen, angeblich in einem von Stadler auf Reisen stehengelassenen Notenkoffer. Johann Anton André, der den musikalischen Nachlass von Mozart von dessen Witwe Constanze aufgekauft hatte, publizierte 1801 aus vorhandenem Stimmenmaterial eine Fassung für A-Klarinette. Seit einigen Jahrzehnten spielen einige Solisten wieder die Originalfassung auf einer Bassettklarinette wie in der Hörgeschichte (◉ 07 – 10).

Arbeitsblatt 1: *Mozarts Klarinettenkonzert*

Nach dem Lösen eines kleinen Silbenrätsels sollen die Schüler in Aufgabe 2 die Noten der Themen der drei Sätze erkennen, mitlesen und die Satznummern einfügen. Beim Spielsatz muss der Lehrer wohl helfend zur Seite stehen. Für die Melodie kann man Flöte, Violine usw. verwenden, bei Einsatz einer echten Klarinette müsste man die Stimme transponieren. Die Bass-Stimme können natürlich auch andere Instrumente statt des Cellos übernehmen. Beim Xylofon 2 fis statt f einlegen!

Arbeitsblatt 2: *Tonerzeugung bei der Klarinette*

Das Musizieren mit Papierklarinetten aktiviert die Schüler, ist aber zeitlich begrenzt. Die Luftfeuchtigkeit der Atemluft beeinträchtigt den Zustand des Papiers nach etwa zehn Minuten. Im Gegensatz dazu muss das Mundstück von echten Rohrblattinstrumenten immer eine gewisse Feuchtigkeit aufweisen, damit es in idealer Weise schwingen kann.

Kleine Klarinettenkunde

Seit Johann Christoph Denner um 1700 das Rohrblattinstrument Chalumeau zur Klarinette weiterentwickelte, entstanden zahlreiche Größen und Stimmungen. Fast alle sind transponierend, der Spieler braucht also im Prinzip für jeden notierten Ton nur einen Griff zu lernen.

Heute ist die weitaus am häufigsten gespielte Klarinette die in B, d. h. ein notiertes und gegriffenes C erklingt einen Ganzton tiefer als B. Im Orchester ist auch die A-Klarinette üblich.

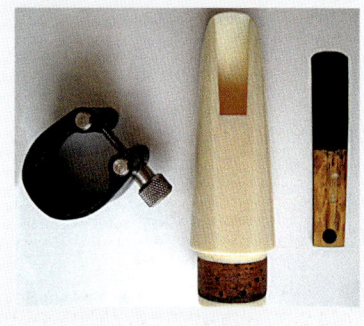

Mundstück mit Befestigung (sog. Ligatur), links und ein „Blatt", rechts

INFO

HÖHERE Varianten (Auswahl)

- **(Hoch-)G-Klarinette**, als „picksüßes Hölzl" in der Wiener Schrammelmusik gespielt
- **Es-Klarinette**, heute vor allem im Blasorchester verwendet

TIEFE Varianten (Auswahl)

- **Bassetthorn in F**, von Mozart verwendet (*Zauberflöte, Requiem*); historisch
- **Bassettklarinette**, um 18 cm länger als die A-Klarinette, Tonumfang nach unten erweitert; historisch
- **Bassklarinette**, in der heutigen Form 1838 vom Saxophon-Erfinder Adolphe Sax patentiert
- **Kontrabassklarinette**, zwei Oktaven tiefer als B-Klarinette

Moderne Klarinettenfamilie

🦻 Hörgeschichte

Klappen einer Klarinette

🔊 07 1. Satz

Heute ist der große Tag! Paul darf mit seiner Klarinettenlehrerin bei einer Probe von Mozarts Klarinettenkonzert zuhören. Solistin ist die bekannte Klarinettistin Sabrina Müller, und die ist eine Freundin von Pauls Lehrerin. Gerade haben sie mit dem Orchester den ersten Satz geprobt, nun machen sie eine Pause.

„Sabrina hat mir versprochen, zu uns zu kommen", sagt Pauls Lehrerin. Und wenig später ist Frau Müller auch schon da! Freundlich begrüßt sie Paul:

„Ich hab' mir sagen lassen, du übst fleißig und spielst schon ausgezeichnet!"

Paul ist ganz verlegen:

„Na ja, wenigstens meistens bin ich fleißig, das Klarinettenspielen ist auch toll und macht mir Freude. Aber sagen Sie, Frau Müller ..."

„Sag doch Sabrina zu mir!", entgegnet sie.

„Na gut, Sabrina, was ich fragen wollte: Du hast da eine ganz besondere Klarinette, etwas größer als meine."

„Gut beobachtet", sagt Sabrina, „das ist eine Bassettklarinette, auf der kann ich einige Töne tiefer spielen als du auf deiner, drum ist sie auch ein wenig länger. Zu Mozarts Zeit war das eine ganz neue Erfindung, die sein Freund Anton Stadler angeregt hat. Er war ein ausgezeichneter Klarinettist und hat dann das Konzert auch zum ersten Mal gespielt."

„Ist denn bei Klarinettenkonzerten immer ein Orchester dabei?" fragt Paul.

„Ja, bei allen ‚Solokonzerten', wie man kurz sagt statt ‚Konzerte für ein Soloinstrument und Orchester'",antwortet Sabrina. „‚Klarinettenkonzert' ist also auch nur eine Abkürzung für ‚Konzert für Klarinette und Orchester'."

„Und das war jetzt der erste von drei Sätzen?", fragt Paul.

„Genauso ist es, und darum muss ich gleich wieder aufs Podium, wir proben gleich den zweiten Satz."

Während Sabrina sich zur Fortsetzung der Probe bereit macht, erklärt Pauls Lehrerin:

„Der zweite Satz hat eine berühmte Melodie, die oft verwendet wird, z. B. in Filmen bei besonders gefühlvollen Szenen. Hör nur!"

🔊 08 2. Satz

„Oh, himmlisch, diese Melodie", flüstert Paul und sie hören weiter zu.

Während der Dirigent noch mit dem Orchester und mit Sabrina einiges bespricht, kann Pauls Lehrerin ihm etwas zum dritten Satz sagen:

„Mozart stellt zuerst eine fröhliche zweiteilige Melodie mit der Klarinette vor, dann wiederholt das Orchester sie. Hör mal, gerade beginnen sie."

🔊 09 3. Satz, Beginn

Leise beschreibt Pauls Lehrerin noch den Schluss des Konzertsatzes:

„Man hört, dass Mozart auch die tiefen Töne der Bassettklarinette ausgenützt hat. Außerdem ist ganz klar, dass Stadler ein sehr virtuoser Klarinettist gewesen sein muss, so schnell und schwierig zu spielen sind die Figuren. Nur gut, dass Sabrina ebenso virtuos ist!"

🔊 10 3. Satz, Schluss

links heutige Bassettklarinette, rechts eine aus dem 18. Jahrhundert

Das Klarinettenkonzert: Hörgeschichte

Stephan Unterberger: **Musik erzählen 2** © Helbling

07

1 Arbeitsblatt

Mozarts Klarinettenkonzert

● **Aufgabe 1**

Löse nach dem Anhören der Geschichte (◎ 07) das Silbenrätsel!

Für welches Instrument ist Mozarts Werk geschrieben?

Freund Mozarts und Klarinettenvirtuose: ANTON

Silben zum Abstreichen:

BAS	KLA	LER	NET	RI	SETT	STAD	TE

■ **Aufgabe 2**

Hör noch einmal die Geschichte (◎ 07) und versuche die Anfänge der drei Sätze des Klarinettenkonzerts in den Noten mitzulesen. Bezeichne dann die richtigen Sätze mit 1, 2 und 3 (Allegro = schnelles Tempo, Adagio = langsames Tempo).

Achtung: Die Klarinette ist ein transponierendes Instrument, d. h., die geschriebenen Töne erklingen wie hier bei einer A-Klarinette um drei Halbtonschritte tiefer: C klingt als A usw.

Satz ☐ — Adagio

Satz ☐ — Allegro

Satz ☐ — Allegro

★ **Aufgabe 3**
GRUPPENARBEIT

Musiziert den Spielsatz mit Melodieinstrumenten, zwei Xylofonen und Bassinstrumenten.

Musik: W. A. Mozart
Einrichtung: Stephan Unterberger
© Helbling

Tonerzeugung bei der Klarinette

Aufgabe 1 Bastle eine Papierklarinette und versuche darauf zu spielen. Du benötigst dazu ein Blatt Papier, eine Schere und einen Bleistift.

Falte das Papier so, dass ein aus zwei Dreiecken bestehendes Quadrat entsteht und schneide das überschüssige Papier ab.

Falte das das Quadrat auf und roll es diagonal auf einen Bleistift auf. Lass dann den Stift aus dem Röhrchen fallen.

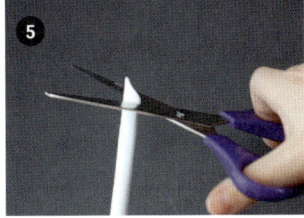 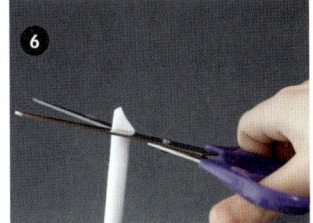 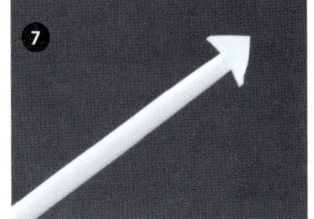 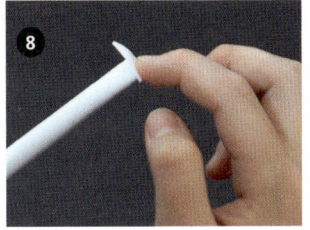

Halte das Röhrchen so, dass die Schräge nach links oben läuft und schneide mit der Schere das obere Ende waagrecht fast ab: Etwa 2 mm vor dem Abschneiden stoppen!

Klappe das dreieckige „Rohrblatt" auf die Rohröffnung herunter. Nimm dieses Mundstück ganz in den Mund und blase vorsichtig!

Aufgabe 2 Bei einer echten Klarinette wird der Ton auf ähnliche Weise erzeugt. Welcher Satz stimmt also? Rahme den Buchstaben ein.

a Man bläst einen flachen Luftstrom an eine Kante.

b Ein einzelnes Rohrblatt ist so auf dem Mundstück befestigt, dass es beim Hineinblasen vibriert und klingt.

c Ein doppeltes Rohrblatt (wie ein flach gedrückter Strohhalm) klingt beim Hineinblasen.

Rohrblatt

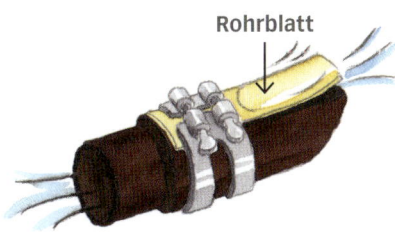

Mundstück und Rohrblatt (aus elastischem Schilfrohr geschnitten) der Klarinette

Aufgabe 3 Welcher Satz aus Aufgabe 2 stimmt für **Flöteninstrumente** ⬚ , welcher für **Oboe und Fagott?** ⬚ Trage die Buchstaben in die Kästchen ein!

Das Klarinettenkonzert: Arbeitsblatt 2

Die Chaconne

Ein Cembalo-Hit von G. F. Händel

Kopiervorlagen
🔈		Hörgeschichte
ARBEITS-BLATT	1	*Das Cembalo*
	2	*Tanzen und spielen*

Audiobeispiele
11–15	Hörgeschichte mit Musikausschnitten aus G. F. Händel: *Chaconne* HWV 435

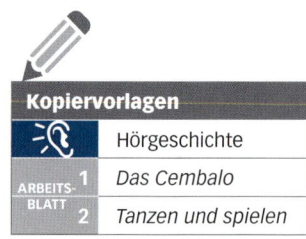

Ein Highlight der Cembalomusik ist Händels *Chaconne*: Ein ursprünglich zügelloser und wilder Volkstanz mutiert zu einer stilisierten, aber immer noch klanglich-sinnlichen Variationsform.

Tanz oder Formprinzip

Die Chaconne ist ursprünglich ein spanischer Volkstanz des 16. Jahrhunderts im Dreiertakt, wohl mit Wurzeln in Lateinamerika.

Schon bald galt der Tanz in Spanien als veraltet, die Chaconne entwickelte sich aber in anderen Ländern weiter zu einer musikalischen Form als Reihe von Variationen über einem ostinaten Bass (mehr oder weniger verändert) von 4, 8 oder 16 Takten. Die Abgrenzung zur Passacaglia ist nicht eindeutig möglich. Johann Mattheson vertritt in seiner Schrift *Das neueröffnete Orchestre* von 1713 die Meinung, die Chaconne gehe mit dem Bassthema freier um als die Passacaglia und stehe eher in Dur als diese.

In Frankreich findet man die Chaconne im 17. Jahrhundert in höfischen Balletten, besonders als wirkungsvolles Schluss-Stück in Opern. In Italien wurde die Ciaccona Anfang des 17. Jahrhundert als Lauten-/Gitarrenmusik, später auch für Cembalo und in gesungener Form in Kantaten oder Opern eingesetzt.

Händels *Chaconne* HWV 435

Diese Chaconne findet sich in der *Zweiten Sammlung* von Suiten, die ohne Händels Wissen gedruckt wurde. Die Stücke daraus stammen wohl aus seinen jüngeren Jahren.

Seine *Chaconne* mit 21 Variationen ist dreigeteilt: Das Thema und die ersten acht Variationen stehen in G-Dur, danach folgen acht Variationen in g-Moll und am Schluss fünf wieder in G-Dur.

Die archetypische Basslinie ist übrigens identisch mit der aus Bachs *Goldberg-Variationen*:

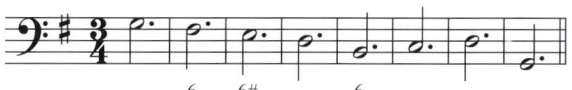

Cembalo & Co

Aus dem Monochord und dem Psalterium entwickelte sich im Spätmittelalter das Clavichord. Der feine Klang dieses Instruments wird durch fest mit der Taste verbundene Tangenten erzeugt, welche die Saiten anschlagen. Beim lauter klingenden Cembalo hingegen reißt ein Kiel die Saiten an.

Um 1700 gab es zahlreiche Experimente, ein dynamisch spielbares Cembalo zu entwickeln. Am erfolgreichsten damit war der Italiener Bartolomeo Cristofori. Das „arpicembalo che fà il piano e il forte" (= laut und leise spielbares Cembalo) gilt als erstes Hammerklavier. Nach dem Vorbild der Cristofori-Mechanik konstruierte der deutsche Orgelbauer Gottfried Silbermann 1726 seinen ersten Hammerflügel.

Arbeitsblatt 1: *Das Cembalo*

Nach einem kleinen, spielerischen Schüttelrätsel zur Wiederholung der Hörgeschichte erhalten die Schüler nähere Informationen über das Cembalo und lösen Auswahlaufgaben zur Instrumentenkunde.

Arbeitsblatt 2: *Tanzen und spielen*

Die praktischen Aktivitäten dieses Arbeitsblattes muss der Lehrer anleiten und unterstützen. Für die Tanzschritte in Aufgabe 1 eignen sich am besten die Variationen 1 und 2 mit dem durchgehaltenen Grundrhythmus (◎ 12).

Hörgeschichte

🔊 11 Thema

Maestro Antonio Allegretti nimmt die Hände vom Instrument. Um ihn haben sich ein paar junge Zuhörer geschart: Sie alle lernen Klavier und machen heute eine Exkursion in das städtische Instrumentenmuseum, wo sie der Maestro erwartet.

„Wer kennt denn dieses Instrument?", fragt er.

„Na, ein Klavier ist es jedenfalls nicht", antwortet Simone etwas schnippisch.

„Doch, ein bisschen schon", sagt der Maestro, „es ist ein Clavicembalo, aber kurz sagt man einfach Cembalo dazu. Diese Tasteninstrumente waren vom 16. bis ins 18. Jahrhundert genauso wichtig wie heute die Klaviere."

Da meldet sich ungeduldig Thomas zu Wort, der sich immer ein wenig wichtigmachen will: „Also ich habe gesehen, dass Sie gerade viel mehr Töne gespielt haben, als in den Noten stehen. Warum das?"

Triller: Schreibweise und Ausführung

„Sehr gut beobachtet, junger Mann", lobt der Maestro, „wenn ein Komponist wie Georg Friedrich Händel damals ein Stück wie dieses für Cembalo schrieb, konnte er sicher sein, dass er nur die wichtigsten Töne aufschreiben musste, alle Verzierungen wie Triller, Arpeggios usw. hat der Cembalist selbstständig hinzugefügt."

„Arpeggios, was ist denn das?" fragt Manuela.

 Notenzeichen für ein Arpeggio

Herr Allegretti erklärt: „Wenn man die Töne eines Akkordes nicht gleichzeitig, sondern hintereinander anschlägt, dann nennt man das Arpeggio. Arpa heißt die Harfe auf Italienisch, Arpeggio bedeutet also ‚wie bei einer Harfe'. Ihr kennt das ja, wenn man bei diesem Instrument mit den Fingern über die Saiten streift.

Ich spiele jetzt ein bisschen weiter. Wer kann mir erklären, was die Musik da macht?"

🔊 12 Variationen 1 und 2

„Das waren Variationen der Melodie von vorhin, das habe ich schon gelernt", sagt Lukas.

„Richtig", bestätigt der Maestro, „Variation bedeutet Veränderung und Händel hat noch viele davon angefügt. Seine Melodie, wie du sagst, nennt man Thema, und es ist eine so genannte Chaconne, ursprünglich ein Volkstanz im Dreiertakt. Ist jemandem von euch noch etwas aufgefallen an den ersten beiden Variationen?"

Da meldet sich die schüchterne Julia zu Wort: „Ich …, ich weiß nicht, aber könnte es sein, dass die Bässe gleich waren wie im Thema?"

„Ausgezeichnet", lobt der Maestro, „aus dir wird sicher einmal eine gute Musikerin! Richtig, was immer Händel in den Variationen an Figuren und Läufen eingefallen ist, immer lässt er die Bässe und Akkorde der acht Takte des Themas gleich."

🔊 13 Variationen 5 und 6

Wieder hat Julia etwas bemerkt: „Also Maestro Antonio, äh, ich meine

Die Mechanik des Cembalos

Allegretti, mir ist es aufgefallen, dass Sie auf dem Cembalo gar nicht laut und leise spielen können!"

„Schon wieder sehr gut beobachtet!", antwortet der Maestro. „Seinen silbrigen Glanz erhält das Cembalo dadurch, dass seine Saiten nicht wie beim Klavier mit Hämmerchen angeschlagen, sondern mit kleinen Federkielen gezupft werden. So klingen schnell gespielte Noten und Verzierungen besser als lang gehaltene Akkorde.

Georg Friedrich Händel

Und es stimmt, junge Dame, der Klang des Cembalos ist zwar prächtig, aber auch etwas starr, weil man die Lautstärke nicht durch den Druck auf die Tasten beeinflussen kann. Darum erfand ein Italiener vor etwa 300 Jahren ein Instrument, das man Pianoforte nannte, also auf Deutsch ‚leise-laut', oder auch umgekehrt Fortepiano. Daraus entstanden dann unsere heutigen Klaviere. Jedenfalls hatte das Cembalo vor etwa 200 Jahren ausgedient und Klaviere wurden wichtiger. Aber zu Händels Zeit stand das Cembalo noch in Blüte. Hört mal weiter!"

🔊 14 Variation 10

„Ah, da klingt die Chaconne plötzlich viel ernster, da hat Händel die Variation in Moll geschrieben, nicht?" fragt der immer etwas nachdenkliche Linus.

„So ist es, gut gehört!" antwortet der Maestro. „Aber natürlich müssen die letzten Variationen in Dur stehen und dem Solisten ermöglichen, all seine Künste zu zeigen!"

🔊 15 Variationen 19 bis 21

1
Arbeitsblatt

Das Cembalo

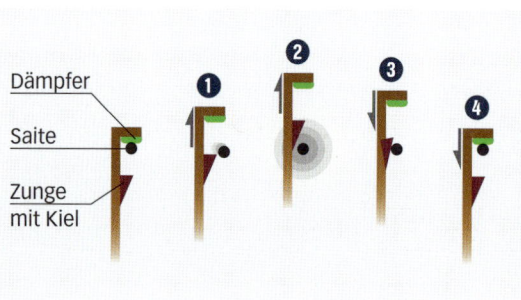

Cembalo

Aufgabe 1 Bring die Buchstaben von vier Wörtern aus der Hörgeschichte (⊙ 11) in die richtige Reihenfolge!

N O C H E N A C ▸ **C** ☐ ☐ ☐ ☐ ☐ ☐ ☐

B O L E M A C ▸ **C** ☐ ☐ ☐ ☐ ☐ ☐

R I K E D E F E L ▸ **F** ☐ ☐ ☐ ☐ ☐ ☐ ☐

A R A T O V I N I ▸ **V** ☐ ☐ ☐ ☐ ☐ ☐ ☐

INFO

Die Tonerzeugung beim Cembalo (Querschnitt; schwarzer Punkt = Saite): Die Taste drückt eine Leiste hoch, in der ein beweglicher Teil eingebaut ist, die „Zunge". Darin sitzt ein Federkiel (heute meist aus Kunststoff), der die Saite anreißt und zum Klingen bringt.

Dämpfer
Saite
Zunge mit Kiel

❶ ❷ ❸ ❹

Dämpfer eines Cembalos

Aufgabe 2 Welche Nummern der Abbildungen (1–4) gehören zu den Sätzen?

☐ Die Saite wird gedämpft.

☐ Die Saite schwingt und klingt.

☐ Der Kiel reißt die Saite an.

☐ Der Kiel in der beweglichen Zunge weicht aus.

Aufgabe 3 Kreuz nach dem Hören der Geschichte (⊙ 11) die zutreffenden Antworten an (mehrere richtige Lösungen sind möglich!)

Das Cembalo ist ein

☐ Zupfinstrument

☐ Saiteninstrument

☐ Schlaginstrument

☐ Tasteninstrument.

Die Blütezeit des Cembalos währte

☐ 300 Jahre

☐ vom 16. bis ins 18. Jahrhundert.

Beim Cembalo wird die Saite mit

☐ einer Stahlzunge

☐ dem Fingernagel

☐ einem Federkiel angerissen.

Das Cembalo kann

☐ dynamisch (laut und leise) spielen

☐ nicht dynamisch spielen.

Verzierungen, die am Cembalo häufig eingesetzt werden:

☐ Arpeggianos   ☐ Arpeggios

☐ Tirillierer   ☐ Triller

Das vor 300 Jahren erfundene Instrument, mit dem man laut und leise spielen konnte, nennt man

☐ Pianoforte   ☐ Pianissimo

☐ Mezzoforte   ☐ Fortepiano.

Voller Name für das Cembalo:

☐ Clavichord   ☐ Clavinette

☐ Clavicembalo

Wie kann man den Klang des Cembalos beschreiben?

☐ silbrig   ☐ dumpf

☐ gedämpft   ☐ glänzend

Für welches Instrument hat Händel seine *Chaconne* geschrieben?

☐ Hammerflügel

☐ Orgel

☐ Cembalo

Die Chaconne: Arbeitsblatt 1

KOPIERVORLAGE

Tanzen und spielen

Arbeitsblatt 2

Aufgabe 1
GRUPPENARBEIT

Die Chaconne war ursprünglich ein spanischer Tanz im langsamen Dreiertakt. Bewegt euch zur Aufnahme (💿 12) oder zum eigenen Musizieren (z. B. mit Variation A) im angegebenen Rhythmus mit folgendem Grundschritt:

 etc.

Chaconne-Tänzer 1735

Takt 1: Schlag 1 Schritt re vor, Schlag 2 li beistellen und auf die Fußspitzen hochgehen, Schlag 3 absenken

Takt 2: wie Takt 1, aber auf Schlag 1 Schritt rückwärts; usw.
Wenn genug Platz ist, könnt ihr auch immer weiter vorwärts gehen statt rückwärts.

Aufgabe 2
GRUPPENARBEIT

Spielt den (vereinfachten) Bass der *Chaconne* auf entsprechenden Instrumenten (Cello, Keyboard/Klavier, E-Bass …) und dazu die angegebenen Harmonien mit Akkordinstrumenten, z. B. Gitarren.

Bass

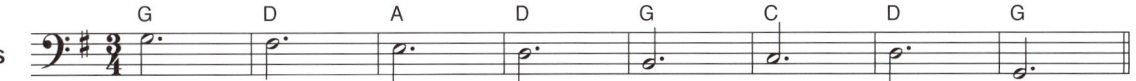

Aufgabe 3
GRUPPENARBEIT

Spielt zusätzlich die Begleitstimmen auf Stabspielen, Keyboard, Klavier, evtl. jeder nur eine Stimme. Ihr benötigt folgende Töne:

Spieler 1: obere Stimme: a, h, c^hoch
Spieler 2: mittlere Stimme: e, fis, g
Spieler 3: untere Stimme: cis, d, e (wenn kein cis vorhanden, e spielen!)

Begleit-stimmen

Aufgabe 4
GRUPPENARBEIT

Spielt zum Bass und zu den Akkorden mit Stabspielen oder Melodieinstrumenten die folgenden Variationen. A, B und C lassen sich auch gemeinsam musizieren. Ihr könnt auch eigene Vorschläge für Variationen entwickeln!

Variation A

Melodie

Variation B

Melodie

Variation C

Melodie

Die Chaconne: Arbeitsblatt 2

Mozarts Klaviervariationen

... über Ah, vous dirai-je maman

Kopiervorlagen

		Hörgeschichte
ARBEITS-BLATT	1	Die *Variationen*
	2	*Spielsatz*

Audiobeispiele

16–23 Hörgeschichte mit Musikausschnitten aus W. A. Mozart: Klaviervariationen über *Ah, vous dirai-je maman*

„Variatio delectat", Abwechslung erfreut, heißt es schon bei Cicero. Auch in der Musik gilt dieses Prinzip, und hier kann man es hörend und selber gestaltend erleben.

Variation

Unter Variation versteht man in der Musik eine Komposition, in der ein kleines, formal meist sehr klar gebautes und melodisch einprägsames Musikstück mehrere Male abgeändert erscheint.

Das Wirkungsprinzip liegt in der Verbindung von reiner Wiederholung (Entspannung, kann eintönig werden) und Neuem (Spannung, fordert heraus).

Das Verfahren, ein Thema in veränderter Erscheinungsweise (improvisierend) zu wiederholen, ist schon älter. Der Begriff „Thema mit Variationen" taucht aber erstmals im 16. Jahrhundert auf. Dabei wurden mehrere Stücke aneinandergereiht, denen ein gemeinsames musikalisches Modell, das Thema, zugrunde lag. So entstanden seit 1600 in Italien, Spanien und England, auch in den Niederlanden und Deutschland Variationszyklen in der bis heute bekannten Form.

Mozarts Klavier-Variationen über *Ah, vous ...*

Der 25-jährige Mozart verwendete für seine 1781 oder 1782 entstandenen zwölf Klaviervariationen KV 265 die Melodie des französischen Liedes *Ah, vous dirai-je, maman.* Es ist kein Kinderlied, denn hier beklagt ein Mädchen den Verlust seiner Unschuld. Der Kummer darüber wird aber wohl von den Freuden der Liebe überwogen.

Das galante Wiener Publikum liebte damals die französischen Vaudevilles, deren Texte mit ihrer Mischung aus Unschuld und Pikanterie zusätzlichen Reiz ausübten.

Der Ursprung der Melodie liegt im Dunkeln. Sie lässt sich auf weit verbreitete elementare Modelle zurückführen, ist seit 1760 nachweisbar und hat sich offenbar unaufhaltsam verbreitet.

Anstelle des frivolen Originaltextes trat in Deutschland das etwa um 1840 von Heinrich Hoffmann von Fallersleben gedichtete Weihnachtslied *Morgen kommt der Weihnachtsmann.* Im englischsprachigen Raum hat sich auf die Melodie schon Anfang des 19. Jahrhunderts der Kinderliedreim *Twinkle, twinkle, little star* von Jane Taylor eingebürgert.

Arbeitsblatt 1: *Die Variationen*

In Aufgabe 1 geht es um die verbale Beschreibung von Musik. Aufgabe 2 fällt mit dem Erkennen der Variationen nach Notenausschnitten leichter, wenn Sie beim Hören nach der jeweiligen Stelle (CD-Nummern ansagen!) eine Pause machen oder die Hörgeschichte mehrfach vorspielen.

Arbeitsblatt 2: *Spielsatz*

Diese aktive Auseinandersetzung mit dem Werk und dem Variationsprinzip ist etwas anspruchsvoller und bedarf der Leitung durch den Lehrer. Die Aufgaben 1 und 2 werden eher erfahrene Schüler übernehmen. In der einfacheren Aufgabe 3 erleichtern deutliche Handzeichen den jeweiligen Einsatz der getrennt voneinander aufgestellten Gruppen C, F und G. Bei der Ausführung mit Boomwhackers benötigen Sie zwei diatonische Sätze.

🔊 Hörgeschichte

Polymita picta – Farbenprächtige Varianten (Variationen) einer vom Aussterben bedrohten Landschneckenart

🔊 16 Thema

Wir befinden uns im Frühjahr des Jahres 1791 in der Wohnung der Mozarts in Wien. Der Komponist sitzt am Klavier, auf den Knien hält er seinen sechsjährigen Sohn Karl Thomas.

„Schön", jubelt der Kleine, „das ist eine nette Melodie, hast du die erfunden, Papa?"

„Nein, net gar, das ist ein französisches Liedl, das man jetzt überall singt", antwortet Mozart.

„Schade, dass es schon aus ist!" bedauert Karl Thomas.

„Aus? Keine Spur, hör nur weiter", sagt sein Vater.

🔊 17 Variation 1

„Hast g'hört, Karli, da hab ich deine schöne Melodie einfach verändert. Statt einem Ton hab ich in der rechten Hand immer vier schnelle verwendet, und schon klingt sie wieder

Original-Mozartkugeln

neu und interessant. Zwölf solche Veränderungen hab ich über das französische Lied g'schrieben. Die nennt man übrigens ‚Variationen'. Und zu der Melodie sagt man ‚Thema'. Pass auf, ob du merkst, was ich in der zweiten Variation verändert hab!"

🔊 18 Variation 2

„Das is' doch ganz leicht zu erkennen", ruft Karl Thomas vergnügt, „jetzt hab ich in der rechten Hand das Thema g'hört und in der linken die schnellen Noten; ich glaub, es waren Sechzehntel, oder Papa?"

„Bravo, Bub!" freut sich Mozart, „hast halt gute Ohren geerbt. Aber pass auf, in der fünften Variation wird's lustig: Da lass ich die rechte und linke Hand hüpfen und abwechselnd kurze Achtelnoten spielen!"

🔊 19 Variation 5

„Das is' ein Spaß, Papa", freut sich Karl Thomas, „aber immer noch erkennt man das Thema genau."

„Ich denk mir oft, Karli," erklärt sein Vater ernst, „das ist wie bei einem schön geschliffenen Edelstein: Wenn man den im Licht dreht, sieht er immer wundersam neu aus, ist aber doch noch derselbe. So

ist es auch mit einem Thema und seinen Variationen.

Jetzt hör mal, wie das Thema in der achten Variation auch ganz nachdenklich klingen kann."

🔊 20 Variation 8

„Oh, das ist ja fast traurig", sagt Karl Thomas, „das ist in Moll, oder Papa?"

„Richtig, Karli", lobt Mozart seinen Sohn, „aber traurig sollen die Variationen ja nicht weitergehen. In der zehnten wirbeln wieder die schnellen Sechzehntelnoten umher!"

🔊 21 Variation 10

„Uii, ist das schwer", staunt Karl Thomas, „das könnt' ich nie spielen!"

„Aber ja, Bub", lobt ihn sein Vater, „Wenn du weiter so brav übst wie bisher, klappt das sicher bald. Jetzt kannst dir schon denken, wie's weitergeht: Die vorletzte Variation muss das Thema noch einmal langsam und nachdenklich zeigen, damit der Schluss dann umso prächtiger wirkt."

Klavier aus
der Zeit Mozarts

🔊 22 Variation 11

„Ja, nachdenklich und viel langsamer, Papa", sagt Karl Thomas, „aber jetzt kommt hoffentlich ein richtig – wie sagst du immer – virtuoser Schluss."

„Keine Angst, Bub", sagt Mozart, „dein Papa weiß schon, was die Zuhörer am Ende wollen: dem Pianisten, der sie mit seinen Künsten begeistert, zujubeln!"

🔊 23 Variation 12

Die Variationen

Aufgabe 1   Bring die Satzteile der Beschreibung des Themas von Mozart (⊚ 16) in die richtige Reihenfolge und lies das Ergebnis laut vor. Die Noten sind vereinfacht: statt zwei gleichen Viertelnoten ist immer eine Halbe Note notiert.

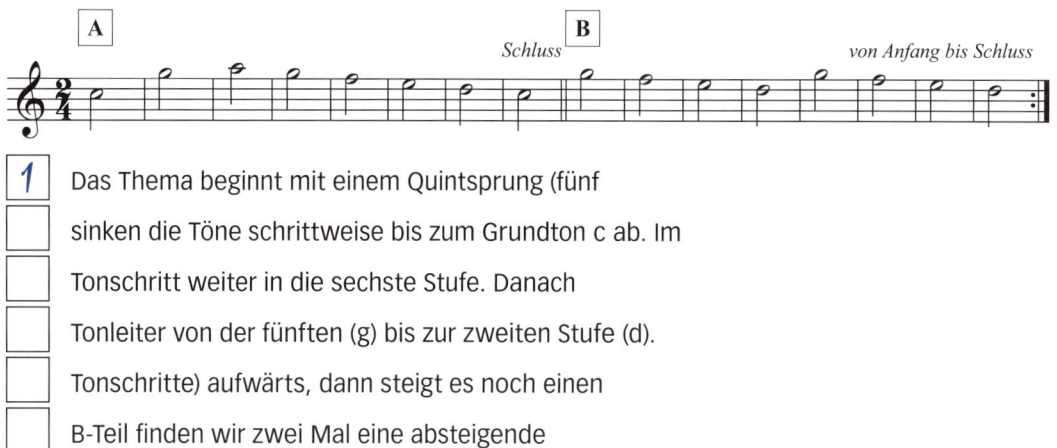

1   Das Thema beginnt mit einem Quintsprung (fünf

☐   sinken die Töne schrittweise bis zum Grundton c ab. Im

☐   Tonschritt weiter in die sechste Stufe. Danach

☐   Tonleiter von der fünften (g) bis zur zweiten Stufe (d).

☐   Tonschritte) aufwärts, dann steigt es noch einen

☐   B-Teil finden wir zwei Mal eine absteigende

Aufgabe 2   Hör noch einmal die Beschreibung der Variationen in der Hörgeschichte (⊚ 17–23) und versuche sie den Notenbeispielen (jeweils die ersten Takte) durch Linien zuzuordnen.

Variation 1
(⊚ 17)

Variation 2
(⊚ 18)

Variation 5
(⊚ 19)

Variation 8
(⊚ 20)

Variation 10
(⊚ 21)

Variation 11
(⊚ 22)

Variation 12
(⊚ 23)

Mozarts Klaviervariationen: Arbeitsblatt 1

Spielsatz

Aufgabe 1

PARTNERARBEIT

Spielt zu zweit die beiden Stimmen des (vereinfachten) Themas entweder auf dem Klavier, auf zwei Melodieinstrumenten oder auf Stabspielen (evtl. auch eine Oktave tiefer).

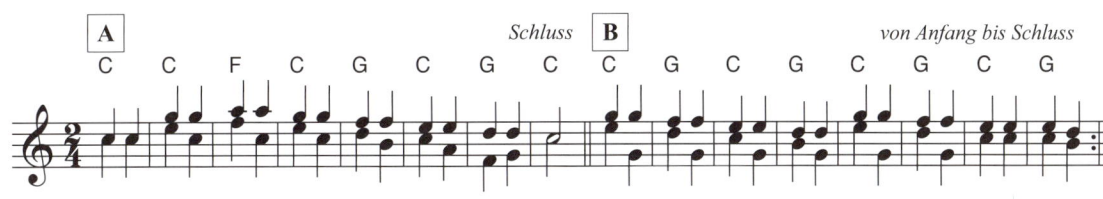

Aufgabe 2

GRUPPENARBEIT

Begleitet die Melodie mit den angegebenen Akkorden mit Gitarren (Halbe, Viertel oder Achtel spielen). Einige können dazu auch mit tiefen Instrumenten die Basstöne C, F und G spielen.

Aufgabe 3

GRUPPENARBEIT

Begleitet die Melodie in drei Gruppen zu je drei Spielern: Jede Gruppe spielt einen Akkord (C, F oder G). Spielt an den angegebenen Stellen die jeweiligen Akkordtöne (in Vierteln, Achteln oder Halben) mit Stabspielen und/oder Boomwhackers. Achtet auf die Zeichen des Lehrers.

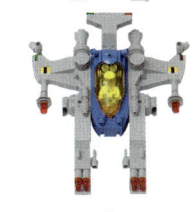

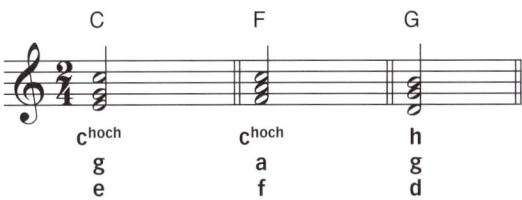

c^{hoch} c^{hoch} h
g   a   g
e   f   d

Aufgabe 4

GRUPPENARBEIT

Spielt zum Begleitsatz (aus Aufgabe 2 oder 3) Variationen über das Thema. Ihr könnt die Vorschläge A bis D übernehmen, diese aber auch abändern oder eigene spielen. Füllt die fehlenden Takte aus.

Variation A

 usw.

Variation B

 usw.

Variation C

 usw.

auch im 3/8-Takt möglich!

Variation D

 usw.

bei Stabspielen zwei Schlägel verwenden!

Beethoven

Ein romantisches Originalgenie

Kopiervorlagen

		Hörgeschichte
ARBEITS-BLATT	1	*Beethovens Werke*
	2	*Für Elise: Spiel-mit-Satz*

Audiobeispiele

24–29	Hörgeschichte mit Musikausschnitten von L. v. Beethoven
30	Spiel-mit-Satz: *Für Elise* (gekürzt)

Beethovens leidenschaftliches, oft raues, aber auch hingebungsvolles Wesen spiegelt sich wie bei kaum einem anderen Komponisten in seiner Musik.

Das Originalgenie Beethoven

Berlioz soll gesagt haben: „Beethoven hat mir eine neue Welt der Musik eröffnet"; in der Tat gilt Beethoven nicht nur als der Vollender der Wiener Klassik, sondern vor allem als Wegbereiter der Romantik. In der Sinfonie, der Klaviersonate und dem Streichquartett hat er Werke geschaffen, an denen kein späterer Komponist vorbeikonnte. Die Sonatensatzform – speziell die Durchführung – hat er zu einem singulären Höhepunkt gebracht.

Das „Originalgenie" Beethoven gilt als der bekannteste deutsche Komponist. Er überwand den höfisch-aristokratischen Stil, war fasziniert von den Gedanken der Französischen Revolution und doch abhängig von Wiener adeligen Mäzenen.

Seine Werke ähneln seinem Leben, sie sind leidenschaftlich, ernst und dramatisch, ja manchmal schroff und wuchtig, aber dann auch wieder gesanglich und lyrisch.

Beethovens Leben

Das mühsame, labile, aufreibende, mitunter von Katastrophen bedrohte Leben des Komponisten bietet Wissenschaftlern immer noch viele Forschungsmöglichkeiten. Beethoven war ein zorniger Rebell, unbeugsam und stur, was ihn oft genug in Schwierigkeiten brachte.

Kindheit und Jugend: 1770 wurde Beethoven in Bonn geboren. Sein Vater Johann van Beethoven, ebenfalls Musiker, unterstützte die musikalische Ausbildung seines Sohnes. Das Klischee vom schäbig-teilnahmslosen Vater ist wohl eher eine Legende, die Tatsache seines Alkoholismus allerdings nicht.

Mit 17 unternahm Beethoven eine Studienreise nach Wien, doch kehrte er bald zurück. Seine an Schwindsucht erkrankte Mutter starb kurze Zeit später und wegen der Alkoholsucht des Vaters musste Ludwig in der Rolle des Familienoberhauptes für die zwei jüngeren Brüder sorgen. Erst als diese selbstständig leben konnten, ging Beethoven 1792 endgültig nach Wien.

Beethovens Geburtshaus in Bonn

Erfolg in Wien: Beethovens Erfolg in Wien wurde gefördert durch seine Tätigkeit als ausgezeichneter Pianist, die ihn bald sehr bekannt machte. Adelige Mäzene unterstützten und förderten ihn trotz seines manchmal schroffen Verhaltens. Zudem unterrichtete er und verkaufte die Noten seiner Werke, allerdings hatten diese wechselnden Erfolg: Sein *Fidelio* wurde z. B. bei seiner Uraufführung 1805 noch kaum beachtet, neun Jahre später vom Wiener Publikum gefeiert.

Gehörleiden: Noch ehe Beethoven 30 Jahre alt war, zeigten sich Anzeichen eines Gehörleidens, das seine Karriere als Pianist und Komponist überschattete. In späteren Jahren führte es zu einer fast völligen Taubheit und zu einer seelischen Krise.

Immer aufwändiger wurde seine Kompositionsweise: Skizzenbücher zeigen, wie Beethoven Motive, aber auch deren kleinste Elemente hin- und herwendete und wie er in unermüdlicher Arbeit und wiederholten Versuchen seinen Werken Gestalt gab, sie selbstkritisch verwarf und schließlich mit souveräner Gewissheit das Beste behielt.

Musik für die Menschheit: Ein Grund für seine hohen Qualitätsansprüche könnte sein, dass er von dem neuen romantischen Gedanken ausging, seine Werke seien auch für die Nachwelt von Bedeutung und nicht nach ein paar Jahren wieder vergessen. In der Tat haben sich viele Werke Beethovens als besonders zeitlos erwiesen.

Trotz des schweren Gehörleidens entwickelte sich Beethoven als Komponist immer weiter und er wurde immer berühmter. Nach seinem Tod sollen am Trauerzug 20.000 Menschen teilgenommen haben.

Der junge Musikschüler Ferdinand Hiller schnitt Beethoven am Tag nach seinem Tod eine Haarlocke ab. 1994 wurde sie 160 Jahre nach Beethovens Tod wieder identifiziert. Untersuchungen der Haare ergaben, dass Beethoven an einer schweren Bleivergiftung gelitten haben muss. Diese schädigt nicht nur die Nerven, sondern hat auch Auswirkungen auf die Persönlichkeit, führt zu Reizbarkeit und Depressionen.

Beethovens Bedeutung

Beethoven hat viele Werke geschrieben, die zum Vorbild für Generationen von Komponisten wurden. Insbesondere auf dem Gebiet der Sinfonie, der Klaviersonate und des Streichquartetts ist sein musikgeschichtlicher Einfluss kaum zu übertreffen. Er hat die Musik der Wiener Klassik zu ihrer höchsten Entwicklung geführt und der Romantik den Weg bereitet.

Arbeitsblatt 1: *Beethovens Werke*

Hier geht es nach einer kurzen Wiederholung von Inhalten aus der Hörgeschichte um vier Musikausschnitte (◎ 26 – 29, CD-Nummern ansagen!), deren beschreibende Texte und Notenbeispiele die Schüler mit den Werktiteln verbinden. Wie immer sind Notenkenntnisse hilfreich, aber nicht zwingend notwendig; geschicktes Kombinieren hilft bei der Lösung.

Arbeitsblatt 2: *Für Elise: Spiel-mit-Satz*

Für den einfachen Spiel-mit-Satz (◎ 30) benötigen die Schüler zwei Essstäbchen oder Stifte: Mit einem klopft man mit dem dicken Ende senkrecht auf den Tisch und erzeugt einen tieferen Ton, mit dem anderen schlägt man vorn mit der Spitze (nicht Bleistiftspitze!) seitlich auf den Tisch und erzeugt einen höheren Ton.

Hörrohr Beethovens, gefertigt von J. N. Mälzel, dem Erfinder des Metronoms

Hörgeschichte

Beginn der Französischen Revolution: Sturm auf die Bastille, Paris

24 *Fidelio* Ouvertüre

Der Elfjährige Ben und seine jüngere Schwester Lena sind mit ihren Eltern unterwegs. Beide lernen Klavier und haben schon Stücke von Beethoven gespielt. Darum machen sie heute einen Ausflug ins Beethoven-Haus in Bonn. Die freundliche Iris führt sie durch die Ausstellung.

„Ist Beethovens Musik eigentlich immer so, so schroff und dann wieder sanft?" fragt Ben Iris.

„Er hatte ein überschäumendes Temperament, aber auch tiefe Empfindungen", antwortet diese, „das hört man oft in seiner Musik. Seht mal, hier in diesem Haus wurde er geboren."

„Na, da ist aber alles recht eng und schmal", wundert sich Lena.

Ihr Vater sagt:

„Soviel ich weiß, war sein Vater Sänger an der Hofkapelle, da hat er wahrscheinlich nicht genug Geld verdient für eine luxuriösere Wohnung."

„Richtig", meint Iris, „und er war auch nicht sehr zufrieden mit seinem Leben. Drum versuchte er aus Ludwig ein Wunderkind zu machen wie Mozart, den er einige Jahre zuvor gehört hatte. Manchmal war er aber betrunken, wenn er aus der Kneipe zurückkam. Dann zwang er den kleinen Ludwig sogar nachts zum Üben."

Klavier aus der Zeit Beethovens

25 *Albumblatt für Elise*

„Ah, das habe ich auch schon zu spielen versucht!", ruft Ben. „Schön, dass man hier überall auf Knopfdruck Musik hören kann."

„Die Kindheit von Ludwig war also nicht immer glücklich", erzählt Iris weiter. „Als er 17 war, rieten Freunde dem schon ausgezeichneten Musiker, seine Ausbildung in Wien fortzusetzen. Dort lebten damals die bekanntesten Komponisten wie Haydn und Mozart."

26 1. Klaviersonate 1. Satz

Nun meldet sich die Mutter von Ben und Lena zu Wort:

„Soviel ich weiß, kam Ludwig von seiner ersten Wien-Reise aber schon bald zurück. Seine Mutter war schwer erkrankt und starb kurz darauf. Der Vater war nun schwerer Alkoholiker und Ludwig musste für die jüngeren Brüder sorgen."

„So ist es", bestätigt Iris. „das war nicht leicht für ihn. Erst als Ludwig 22 war, konnten seine Brüder selbst für sich sorgen und er ging endgültig nach Wien. Dort wurde er als junger Star am Klavier und als Komponist gefeiert."

27 3. Klavierkonzert 3. Satz

Iris erzählt weiter:

„Bald gewann Ludwig in Wien die Anerkennung und Zuwendung von Adeligen, obwohl er es ihnen mit seiner schroffen Art nicht immer leicht machte. Die Französische Revolution begeisterte ihn. Sie wollte den Adel abschaffen und rief nach Freiheit, Gleichheit und Brüderlichkeit. In seiner 3. Sinfonie kann man manches von diesen trotzigen Ideen heraushören."

28 3. Sinfonie *(Eroica)* 1. Satz

„Was ist denn das für ein komisches Rohr in dieser Vitrine?" fragt Lena und Iris erklärt:

„Als Beethoven 30 Jahre alt war, bemerkte er, dass er immer schlechter hörte. Ärzte konnten ihm nicht helfen und so versuchte er es mit Hörrohren wie diesem hier. Aber einige Jahre später war er völlig taub."

„Aber wie konnte er denn komponieren, wenn er nichts hörte?", fragt Ben.

Seine Mutter weiß, dass dies möglich war:

„Er hat sich die Musik im Kopf vorgestellt und dann aufgeschrieben."

Iris ergänzt:

„Richtig, aber er konnte nicht mehr als Pianist oder Dirigent auftreten, da hätte er sich und die anderen hören müssen. Und mit der Zeit wurde er wegen seiner Taubheit immer misstrauischer gegenüber Menschen, wanderte stundenlang in der Natur umher und suchte dort Trost.

Beethoven starb schon mit 56 Jahren. Am Trauerzug sollen 20.000 Menschen teilgenommen haben."

29 3. Sinfonie *(Eroica)* 2. Satz

Trauerzug beim Begräbnis Beethovens

Beethoven: Hörgeschichte

Beethovens Werke

INFO

24, 26–29

● **Aufgabe 1**

Streich nach dem Anhören der Geschichte (◎ 24) die unzutreffenden Sätze durch.

- Wer taub ist, kann nichts komponieren.
- Beethoven war für Freiheit, Gleichheit und Gemütlichkeit.
- Sein Vater war Alkoholiker.
- Er hatte zwei Schwestern.
- Er wurde in Bonn geboren.
- Er war ein ausgezeichneter Pianist.

★ **Aufgabe 2**

Lies die Beschreibungen der Musikstücke rechts und sieh die Noten unten an. Trage dann die Ziffern aus der Infobox in die richtigen Kästchen ein.

☐ Gleich am Anfang beginnen die Violinen mit einem sehr leisen, klagenden ersten Motiv, das sie über rollenden Bässen spielen.

☐ Der erste Satz beginnt mit einer Melodie aus Dreiklangstönen, die durch zwei laute Orchesterschläge vorbereitet wird.

☐ Das Allegro beginnt mit einem leisen Motiv aus Dreiklangstönen mit nachfolgender Tonschleife. Dieser Zweitakter wird ab Takt 3 in höherer Lage wiederholt.

☐ Beethovens Klavierschüler Carl Czerny empfahl: „Das Thema dieses Finales [= 3. bzw. letzter Satz] ist mit einer naiven Einfachheit vorzutragen."

In der Hörgeschichte werden unter anderem drei Arten von Kompositionen Beethovens vorgestellt:

Klaviersonate: drei- bis viersätziges Werk für Klavier allein

1 ◎ 26
1. Klaviersonate 1. Satz, Allegro

Konzert für Klavier und Orchester (Klavierkonzert): Dem Orchester ist ein Soloklavier gegenübergestellt. Satzfolge: schnell – langsam – schnell

2 ◎ 27
3. Klavierkonzert, 3. Satz, Allegro, Rondo

Sinfonie: Viersätziges Werk für Orchester; Satzfolge: schnell – langsam – Menuett oder Scherzo – schnell

3 ◎ 28
Sinfonie Nr. 3, *Eroica*, 1. Satz: Allegro con brio

4 ◎ 29
Sinfonie Nr. 3, *Eroica*, 2. Satz: Marcia funebre [= Trauermarsch], Adagio assai

Violine 1

Violoncello und Bass

Für Elise: Spiel-mit-Satz

Musik: L. v. Beethoven
Einrichtung: Gerhard Wanker
© Helbling

Beethoven: Arbeitsblatt 2

■ **Aufgabe**

Verwende zwei Essstäbchen (oder Stifte: Bleistifte, Buntstifte …) zum Musizieren.

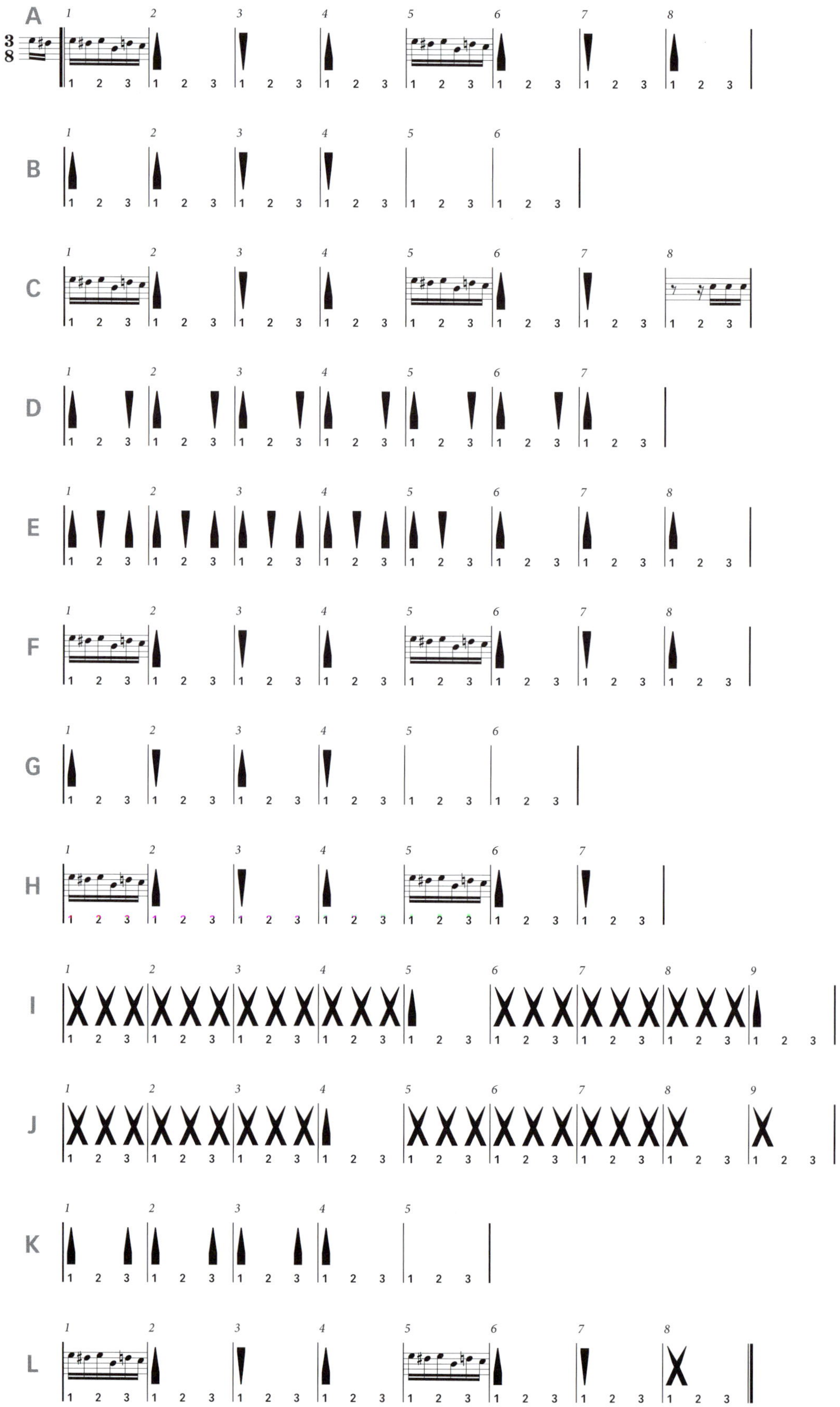

mit dem Stift in der einen Hand mit dem dicken Ende senkrecht auf den Tisch klopfen

mit dem Stift in der anderen Hand mit dem spitzen Ende auf den Tisch tippen

X

beide Stifte gegeneinanderschlagen

Musik gekürzt

Stephan Unterberger: **Musik erzählen 2** © Helbling

KOPIERVORLAGE

Sommer und Herbst

Vivaldi und zwei seiner Jahreszeiten

Kopiervorlagen

	Hörgeschichte
ARBEITS-BLATT 1	*Zwei Violinkonzerte*
2	*Spielsatz*

Audiobeispiele

| 31 – 36 | Hörgeschichte mit Musikausschnitten aus A. Vivaldi: *Die vier Jahreszeiten, Sommer* und *Herbst* |

Antonio Vivaldi war ein Pionier des Solokonzerts und komponierte mehr als 300 solcher Concerti. Vier davon sind bis heute die weitaus bekanntesten seiner Werke: *Die vier Jahreszeiten.* Hier geht es um den *Sommer* und den *Herbst.* (*Winter* und *Frühling* siehe Seite 34)

Die Popularität

Lange Zeit blieb der Name Antonio Vivaldi (1678 – 1741) nur durch die vier schon im 18. Jahrhundert berühmten Violinkonzerte lebendig, – 1740 schrieb Johann Adolf Scheibe in einer Zeitschrift: „Wem sind nicht auch die vier Jahreszeiten eines Vivaldi bekannt?" – während man den Großteil seiner übrigen Werke kaum kannte. Erst Ende der 1920er Jahre kamen Hunderte von verloren geglaubten Originalhandschriften von Vivaldi wieder ans Licht. Obwohl bis heute immer neue Schätze auftauchten, hat doch kein Werk die Popularität der *Vier Jahreszeiten* erreichen können.

Tonmalerei

Tonmalerei in der Musik stellt oft Naturereignisse dar (Gewitter, Wind …), Tierstimmen (Vogelstimmen …), Klänge des Landlebens (Schalmei, Jagdhörner, Volkstänze …), militärische Klänge (wie etwa Heinrich Ignaz Franz Bibers *Battalia*) usw.

Auch Vivaldi malt in seinen *Jahreszeiten* mit Tönen, reiht Szenen aneinander. Er hatte als Opernkomponist Erfahrungen mit der Darstellung von Effekten und kannte als virtuoser Geiger klanglich wirkungsvolle Spieltechniken. Die Neuheit bestand darin, dass er seinen vier Violinkonzerten als Programm nicht nur (vermutlich selbst geschriebene) „sonetti dimostrativi" (erklärende Sonette = gereimte Gedichte mit vierzehn Verszeilen) voranstellte, sondern Teile dieser Gedichte auch mit den entsprechenden Stellen in den Noten verknüpfte. So weiß der Spieler z. B. genau, dass er Hundegebell darstellen soll, wenn da „molto forte e strappato" (sehr laut und abgerissen) steht.

Trotz des beigefügten Programms sollte man die *Jahreszeiten* nicht als Programmmusik bezeichnen, da dieser Begriff eng mit der entsprechenden Musikgattung des 19. Jahrhunderts verknüpft ist.

Die Struktur der Konzerte

Die zwölf Sätze der Tongemälde (*Winter* und *Frühling* siehe Seite 34) verbinden sich in idealer Weise mit der von Vivaldi selbst entwickelten dreisätzigen Konzertform. Die Ecksätze malen große, von Aktivität bestimmte Bilder der jeweiligen Jahreszeit:

Junge Geigenspielerin: Gemälde von Orazio Gentileschi (1563–1639)

- Frühling: Vögel als Vorboten des Frühlings und sprudelnde Quellen – Hirtentanz
- Sommer: Mattigkeit infolge der Hitze, drohendes Unwetter – Gewitter
- Herbst: tanzende und singende Bauern und ein Betrunkener – Jagd
- Winter: erstarrtes Zittern, Wind, Zähneklappern – Menschen auf dem Eis

Als Mittelsätze verwendet Vivaldi intime Miniaturen von Schlafenden unter den unterschiedlichen Bedingungen der Jahreszeiten:
- Frühling: Ruhen unter sanft säuselnden Blättern
- Sommer: unruhiger Schlaf, gestört von Mücken und Gewittergrollen
- Herbst: schwerer Schlaf der Betrunkenen
- Winter: Ruhe in der warmen Stube beim sanften Plätschern des Regens an die Scheiben

Auch die Grundfarbe jedes Konzerts, die Tonart, entspricht den Jahreszeiten:
- Frühling: helles E-Dur, das die Violinen besonders strahlend zur Geltung bringt
- Sommer: g-Moll für die drückende Hitze und das Nachahmen des Donners auf der leeren G-Saite
- Herbst: F-Dur als Tonart der Jagdhörner und der dörflichen Tanzmusik
- Winter: düsteres f-Moll

Ritornell-Konzerte

Die Sätze in Vivaldis Konzerten haben meist Ritornell-Form. Darin wechseln sich in fünf oder mehr Formabschnitten Tutti und Solo rondoartig ab. Zischen die Tuttis (Ritornelle) schieben sich Soloteile (Couplets), die das motivische Material aufgreifen. Allerdings geht Vivaldi mit diesem Prinzip bei den *Jahreszeiten* frei um (im Schlusssatz des *Winters* ist das Ritornell kaum mehr vorhanden).

Vivaldi und das Ospedale della Pietà

Das Ospedale della Pietà in Venedig war seit 1703 die zentrale Wirkungsstätte Vivaldis. Die Ospedali waren wohltätige Einrichtungen für verwaiste, ausgesetzte, illegitime oder bedürftige Kinder.

Das Ospedale della Pietà war eines von vier Ospedali der Stadt und seine Geschichte reicht bis ins 14. Jahrhundert zurück. Hier lebten im 18. Jahrhundert ausschließlich Mädchen, und zwar zwei Gruppen: Die einen erhielten eine allgemeine Erziehung, die anderen, die „figlie di coro" eine gründliche musikalische Ausbildung wie in einem Konservatorium. Viele von ihnen wurden Virtuosinnen, Chor und Orchester des Ospedale waren überregional geschätzt. Der französische Enzyklopädist Charles de Brosses (1709–1777) schrieb begeistert: „Sie singen wie Engel und spielen Violine, Flöte, Orgel, Oboe, Violoncello, Fagott […] Sie allein führen Konzerte aus, jedes Mal in einer Besetzung von etwa vierzig Mädchen."

Vivaldi war an der Pietà zuerst „maestro di violino", Geigenlehrer, zusätzlich las er als Kaplan – er hatte 1703 die Priesterweihe erhalten – auch die täglichen Messen. Bald gab er aber die Ausübung des Priesteramtes auf. Als Grund dafür gab er später eine „strettezza di petto" (Enge der Brust) an, was auf Angina Pectoris oder Asthma hinweisen könnte. Vor allem hatte er aber wohl persönlich Konflikte mit diesem Amt und der Musikerberuf ließ kaum noch Zeit für kirchliche Aufgaben.

Ab 1716 war Vivaldi „maestro de'concerti" und musste das Pietà-Orchester leiten und neue Werke dafür komponieren, darunter vermutlich auch die 1725 veröffentlichten *Quattro stagioni*, RV 269, 293, 297, 315: Vivaldis Werkverzeichnis nennt man heute meist nach dem dänischen Musikwissenschaftler Peter Ryom (*1937) das Ryom-Verzeichnis (RV).

Arbeitsblatt 1: *Zwei Violinkonzerte*

Die Schüler lesen die Gedichtausschnitte bzw. Inhalte und ordnen sie den einzelnen gehörten Sätzen zu (◎-Nummern 31–36 ansagen!). Hier wird es vielleicht nötig sein, die Hörbeispiele mehrfach vorzuspielen bzw. kurze Pausen für die Beantwortung vorzusehen. Danach folgt ein kleines Kreuzworträtsel, das Begriffe aus der Hörgeschichte und aus dem Infotext wiederholt.

Arbeitsblatt 2: *Spielsatz*

Die Melodie des Spielsatzes erfordert etwas Übung, die Xylofonstimmen sind aber auch für wenig erfahrene Spieler geeignet. Für den Bass passt am besten ein Cello, aber auch ein (nicht zu lauter) E-Bass ist möglich. Gitarren können die Akkorde beisteuern.

Stephan Unterberger: **Musik erzählen 2** © Helbling

Hörgeschichte

⊚ 31 *Sommer* 1. Satz

„Was für eine Musik!"

Der französische Musikforscher Marquis de Montmartre ist begeistert. Er ist extra aus Paris nach Venedig gekommen, weil alle so geschwärmt haben vom Mädchenorchester des Ospedale della Pietà und von dessen Leiter Antonio Vivaldi. Im Schluss des ersten Satzes des Violinkonzertes mit dem Titel *Der Sommer* hat er gerade gehört, wie nach drückender Sommerhitze ein Sturm ausbricht.

„Ah, jetzt hebt der ‚maestro di violini' wieder seine Geige ans Kinn und gibt den Mädchen den Einsatz zum zweiten Satz", murmelt der Marquis vor sich hin. „Hier will er einen schweren Schlaf in der Mittagshitze darstellen, gestört von Mücken und Fliegen, und in der Ferne droht ein Donnergrollen."

⊚ 32 *Sommer* 2. Satz

Gestern hat der Marquis schon einiges erfahren und länger mit „Prete rosso", dem roten Priester gesprochen. So wird Vivaldi in Venedig manchmal scherzhaft wegen seiner roten Haare genannt. Mit 25 Jahren war der hervorragende Geiger tatsächlich zum Priester geweiht worden. Einige Jahre später wurde er als Kaplan und Geigenlehrer im Ospedale della Pietà angestellt. Die Ospedali sind wohltätige Einrich-

tungen für verwaiste, ausgesetzte oder bedürftige Mädchen. Viele davon erhalten dort eine gründliche musikalische Ausbildung und werden ausgezeichnete Musikerinnen. Ihr Orchester ist über die Grenzen hinaus bekannt und sein Ruf ist bis ins ferne Paris gedrungen. Der Marquis ist ihm gefolgt und hört nun bei einer Probe dieses Orchesters zu.

Im dritten Satz tobt ein wildes Gewitter und vernichtet die Ernte auf den Feldern.

⊚ 33 *Sommer* 3. Satz

„Nun, was sagen Sie, Marquis?", fragt Vivaldi, der nach dem Schluss zu dem Franzosen getreten ist.

„Ich bin überwältigt, Maestro!", entgegnet dieser. „Solche Konzerte für Violine und Orchester wie Ihre *Vier Jahreszeiten* habe ich noch nie gehört, da malen Sie ja mit Tönen ganze Szenen, das ist eine richtige Tonmalerei."

„So ist es, Monsieur", sagt Vivaldi, „in den letzten Jahren habe ich auch viele Opern komponiert und gelernt, wie man Szenen bildhaft und mit starken Gefühlen musikalisch darstellen kann."

„Wie schaffen Sie das", fragt der Marquis, „komponieren, unterrichten, konzertieren und Priester sein?"

Vivaldi lacht:

„Also erstens habe ich meinen Beruf als Kaplan schon länger aufgege-

ben, denn für das einsame Leben als Junggeselle bin ich wohl nicht geschaffen. Ich unterrichte auch nicht mehr viel und wirke nur bei zwei Konzerten im Monat im Ospedale mit. Tja, und das Komponieren? Für so ein Concerto brauche ich gerade mal einen Tag. Wenn Sie mich nun entschuldigen wollen …"

Erstaunt und etwas ungläubig bleibt der Marquis zurück. *Der Sommer* ist ein ganzes Violinkonzert mit drei Sätzen, der folgende *Hebst* ist auch eines, und zur Komposition dieser Meisterwerke braucht Vivaldi immer nur einen Tag? Unglaublich!

Nun erlebt er, wie Vivaldi im ersten Satz des Herbstes ein beschwingtes Erntefest der Landleute schildert. In der Solovioline hört man aber, dass manche von ihnen nach reichlichem Weingenuss nicht mehr so ganz sicher auf ihren Beinen sind!

⊚ 34 *Herbst* 1. Satz

Was können die Landleute dann Besseres tun, als in der milden Herbstluft tief zu schlafen! Sogar die Solovioline hält sich ganz zurück, um sie nicht zu stören.

⊚ 35 *Herbst* 2. Satz

Der dritte Satz ist der Jagd gewidmet. In der Solovioline hört man, wie der verfolgte Hirsch zu fliehen versucht und schließlich doch tot zusammenbricht. Die muntere Musik der Jagdgesellschaft lässt die Trauer darüber aber schnell wieder vergessen.

Marquis de Montmartre aber ist sicher, dass er diese großartige Musik nicht so schnell vergessen wird!

⊚ 36 *Herbst* 3. Satz

Sommerhitze

Schweres Gewitter

Tanz der Landleute

Sommer und Herbst: Hörgeschichte

31–36 · Arbeitsblatt 1

Zwei Violinkonzerte

INFO

Aufgabe 1 Hör nochmals die Geschichte (⊚ 31) und verbinde dann mit Linien!

Es donnert und blitzt der Himmel, und Hagel bricht das Haupt der Ähren des reifen Getreides.	*Sommer* 1. Satz (⊚ 31)	verfolgtes Wild, Jagd
Von der Flucht erschöpft stirbt das Tier.	*Sommer* 2. Satz (⊚ 32)	Erntefest mit reichlich Wein
Die Furcht vor Blitzen und Donner und das wilde Schwirren der Mücken und Fliegen nimmt den müden Gliedern ihre Ruhe.	*Sommer* 3. Satz (⊚ 33)	schweres Gewitter
Ein sanftes Lüftchen weht … doch plötzlich beginnt der kalte Nordwind Boreas Streit mit seinem Nachbarn.	*Herbst* 1. Satz (⊚ 34)	tiefer Schlaf nach allzu viel Weingenuss
Der Bauer feiert mit Tänzen und Liedern die glücklich einge-brachte Ernte. Und von dem Saft der Rebe sind viele beschwingt.	*Herbst* 2. Satz (⊚ 35)	Schlaf, gestört von Insekten und Donner-grollen
Die milde Luft umschmeichelt und die Jahreszeit lädt ein zu einem süßen Schlaf.	*Herbst* 3. Satz (⊚ 36)	Hitze, dann Sturm

Antonio Vivaldi (1678–1741)

war ein gefeierter Geigen-virtuose und Komponist in Venedig.

Er legte um 1700 die Gattung des Solokonzerts mit seinen drei Sätzen Allegro (= schnell) – Adagio (= langsam) – Allegro fest. Auch die vier Violinkonzerte der *Vier Jahreszeiten* haben jeweils drei Sätze: Die Ecksätze schildern eher bewegte Ereignisse, die Mittelsätze Schlafszenen.

Vivaldi stellt in jedem Konzert eine Jahreszeit musikalisch dar (= Ton-malerei) und beschreibt den Inhalt mit von ihm selbst verfassten Sonetten (Gedichten).

Aufgabe 2 Löse nach dem Hören der Geschichte (⊚ 31) das Kreuzworträtsel. Verwende auch die Informa-tionen aus Aufgabe 1 und der Infobox oben.

Waagerecht

5. Name des Komponisten
9. In welcher Jahreszeit schildert der Komponist ein Gewitter?
10. Wohnort des Komponisten
12. Tempo im ersten und dritten Satz eines Solokonzertes
13. Schilderung von Szenen mit Musik

Senkrecht

1. scherzhafter Name für den Komponisten: Prete …
2. Auf dem Erntefest im Herbst trinken einige zu viel ….
3. Wie viele Sätze hat ein Solokonzert?
4. Thema des dritten Satzes aus dem *Herbst*
6. Thema der zweiten Sätze im *Sommer* und *Herbst*
7. Wer erhält im Ospedale Musikunterricht?
8. Welches Instrument spielt solistisch?
11. erster Beruf des Komponisten

Stephan Unterberger: **Musik erzählen 2** © Helbling

Spielsatz

Gemälde von Pieter Brueghel dem Älteren

GRUPPENARBEIT

Spielt die Melodie 1 und 2 mit zwei Flöten oder anderen Melodieinstrumenten. Auch die Xylofonstimmen könnt ihr auf zwei Spieler aufteilen: Die Oberstimme benötigt die Klangplatten g, a, h, c^hoch, die Unterstimme d, e, f, g.

Musik: Antonio Vivaldi
Einrichtung: Stephan Unterberger
© Helbling

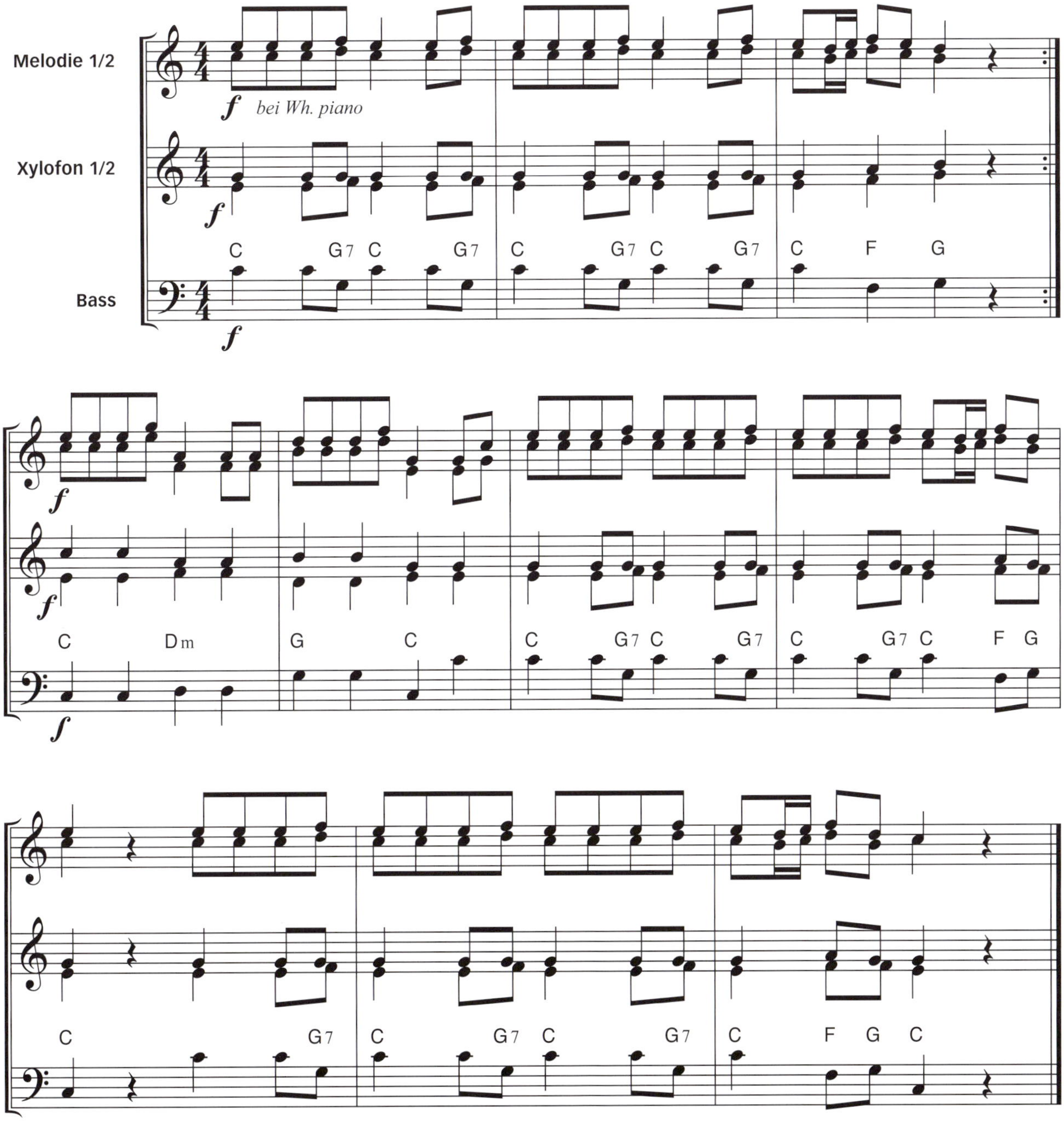

Tanz und Gesang der Landleute
Der Herbst

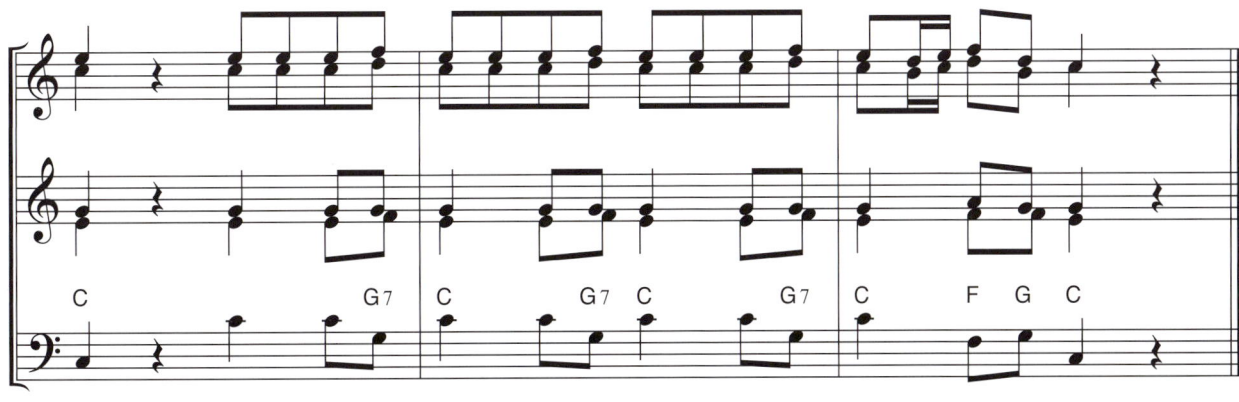

Original: F-Dur

Winter und Frühling

Die Violine in zwei Jahreszeiten von Vivaldi

Kopiervorlagen

	Hörgeschichte
ARBEITS-BLATT **1**	*Die Violine*
2	*Spiel-mit-Satz*

Audiobeispiele

| 37 – 42 | Hörgeschichte mit Musikausschnitten aus A. Vivaldi: *Die vier Jahreszeiten*, *Winter* und *Frühling* |

Von Vivaldis 344 Solokonzerten sind die meisten für die Violine bestimmt, kein Wunder, war er doch selber ein Geigenvirtuose. Hier geht es um dieses Instrument, aber auch um den *Winter* und den *Frühling* aus den *vier Jahreszeiten*.

Die Violine

Die Familie der Violinen wurde seit etwa 1540 zur wohl erfolgreichsten Instrumentenfamilie des Abendlandes. Auch wenn heute „Violine" und „Geige" Synonyme zu sein scheinen, umfasste der deutsche Begriff Geige auch andere Streichinstrumente. Leopold Mozart schrieb in seiner Violinschule: „Das Wort Geige, begreift in sich Instrumente verschiedener Art und Größe […]. Aus diesem erhelt, dass das Wort Geige ein allgemeines Wort ist, welches alle Arten von Geiginstrumenten in sich einschließet; und dass es folglich nur von einem Missbrauche herrühret, wenn man die Violin platterdings die Geige nennet."

Zu den ersten berühmten Geigenbauern zählt Andrea

Der Geigenbauer Antonio Stradivari (1648 – 1737)

Amati (etwa 1505 – 1577) in Cremona, der vom französischen König einen Auftrag zum Bau von Violinen erhielt. Antonio Stradivari (etwa 1648 – 1737) wird von vielen als der beste Geigenbauer der Geschichte angesehen. Aber auch die Violinen von Jakob Stainer (1619 – 1683) aus Absam in Tirol galten als hervorragende Instrumente.

Bis heute ist die Form der Violine im Wesentlichen unverändert geblieben.

Winter und Frühling

Vivaldi setzt seine Tonmalerei (siehe auch Seite 29) bei den *vier Jahreszeiten* auch im *Winter* und *Frühling* ein. Die beiden Konzerte stellen folgende Szenen dar:

Winter (düsteres f-Moll)
1. **Satz:** erstarrtes Zittern, Wind, Zähneklappern
2. **Satz:** Ruhe in der warmen Stube beim sanften Plätschern des Regens an die Scheiben
3. **Satz:** Menschen auf dem Eis

Frühling (helles E-Dur, das die Violinen besonders strahlend zur Geltung bringt)
1. **Satz:** Vögel als Vorboten des Frühlings und sprudelnde Quellen, Frühlingsgewitter
2. **Satz:** Ruhen unter sanft säuselnden Blättern, Hundegebell
3. **Satz:** Hirtentanz

Arbeitsblatt 1: *Die Violine*

Nach dem Erkennen einiger italienischer Musikbegriffe aus der Hörgeschichte ordnen die Schüler den einzelnen Sätzen der beiden Violinkonzerte *Winter* und *Frühling* spielerisch Kurzbeschreibungen zu. In Aufgabe 3 lernen sie den Aufbau einer Violine kennen und verwenden Bezeichnungen, die in der Hörgeschichte (kurz) vorkommen.

Arbeitsblatt 2: *Spiel-mit-Satz*

Der Spiel-mit-Satz ist für zwei Gruppen bzw. Partner vorgesehen. Die ergänzende, optionale Aufgabe 1 erfordert genaues Hören und ist daher etwas anspruchsvoller.

Hörgeschichte

Pieter Brueghel der Ältere: Winterlandschaft

37 *Winter* 1. Satz

„Wieder mal zu spät!" ärgert sich Linus. Sein Chef vom Neustädter Tagblatt hat ihn, den jungen Praktikanten, zu einer Konzertprobe geschickt. Zu hören ist der bekannte Geiger Alessandro Appassionato. Linus ärgert sich, dass er sich für das Interview nicht vorbereitet hat und dass er zu spät gekommen ist. Die Probe ist schon im Gange. Leise setzt er sich in den Zuschauerraum und nimmt ein Programmheft für heute Abend zur Hand.

„*Winter* heißt eines der vier Violinkonzerte von Antonio Vivaldi aus der Reihe *Die vier Jahreszeiten*", liest er. „Das Orchester stellt im ersten Satz die klirrende Kälte dar und die Solovioline die eiskalten Winde", heißt es da über die Musik, die er gerade gehört hat.

Linus ist froh, dass er auch etwas vom zweiten Satz erfährt, der gerade beginnt. Hier geht es anscheinend um ein gemütliches Stündchen vor dem Kamin, während draußen die Regentropfen an die Scheiben schlagen.

38 *Winter* 2. Satz

„Hoppla!" Da war Linus doch glatt eingeschlafen bei der sanften Musik! Jetzt nimmt Maestro Appassionato seinen Streichstock – oder sagt man Bogen dazu? – und reibt damit über etwas, das muss wohl das Kolofonium sein, von dem Linus gehört hat. Damit kann man die Saiten besser zum Klingen bringen.

So, jetzt geht die Musik aber weiter: Da erlebt man kurz einen wärmeren Südwind, ehe dann doch der bitterkalte Nordwind im Allegro, also im schnellen Tempo, zuschlägt!

39 *Winter* 3. Satz

Nun brauchen alle eine Pause und der Maestro tritt zu Linus:

„Nun, junger Mann, was wollen Sie denn von mir wissen?"

„Äh, ich, … ach wissen Sie, Maestro", stottert Linus herum, „ich gestehe es Ihnen lieber gleich, ich habe mich auf dieses Interview nicht vorbereitet. Vielleicht können Sie mir einfach etwas über Ihr Instrument sagen?"

Der Maestro lacht: „Wie lang haben Sie denn Zeit? Eine Woche? Einen Monat? Na gut. Also: Meine Geige ist eine Stradivari, die hat dieser berühmte Geigenbaumeister vor 300 Jahren in Cremona hergestellt."

„Was, auf einer Gebrauchtgeige spielen Sie?", wundert sich Linus.

Wieder lacht der Maestro: „Ein gut gebautes Instrument steigert seine Klangqualität noch mit dem Alter. Darum ist meine Stradivari auch so wertvoll."

„Wertvoll? So was Altes?" fragt Linus überrascht.

„Nun ja", antwortet der Maestro trocken, „eine Million Euro wird kaum reichen! Jede Einzelheit ist eben aus den erlesensten Holzarten meisterlich gefertigt: der Boden, die Zargen, die Decke, der Steg, der Hals, das Griffbrett, die Schnecke …"

Linus versucht verzweifelt, sich Notizen zu machen, aber der Maestro rät ihm: „Hören Sie lieber auf die Musik, in der Vivaldi jetzt den *Frühling* darstellt. Im ersten Satz mache ich mit meiner Stradivari den fröhlichen Gesang der Vögel nach, und zwei Kollegen aus dem Orchester unterstützen mich."

40 *Frühling* 1. Satz

Inzwischen hat Linus auf seinem Smartphone weiter recherchiert:

„Die Violinen entwickelten sich zur wohl erfolgreichsten Instrumentenfamilie des Abendlandes. Komponisten haben unzählige Werke für diese Streichinstrumente geschrieben und sie bilden das Rückgrat vieler Ensembles, vom Streichquartett bis zum Sinfonieorchester."

Und was gibt es nun im zweiten Satz des *Frühlings* zu hören? Da singt die Geige einen Hirten im Largo, also im langsamen Tempo, in den Schlaf. Währenddessen wacht und bellt sein treuer Hund.

41: *Frühling* 2. Satz

Nun freut sich Linus schon auf den dritten Satz, einen Hirtentanz. Für seinen Bericht im Neustädter Tagblatt hat er nun zwar genügend Material, aber er nimmt sich fest vor: „Von jetzt an bin ich immer vorbereitet und zu spät komme ich auch nie mehr!"

Na ja, wollen wir's hoffen!

42 *Frühling* 3. Satz

Winter und Frühling: Hörgeschichte

Stephan Unterberger: **Musik erzählen 2** © Helbling

37

Die Violine

● Aufgabe 1

Viele musikalische Begriffe kommen aus dem Italienischen. Unterstreiche nach dem Hören der Geschichte (◉ 37) die zutreffenden.

- Stracciatella
- Stradivari
- Violine
- Vitello
- Vivaldi

- Parmesano
- Largo
- Lasagne
- Maestro
- Mozzarella

- Risotto
- Appassionato
- Antipasti
- Allegro
- Tiramisu

Antonio Vivaldi (1678 – 1741)

war ein gefeierter Geigenvirtuose und Komponist in Venedig. Seine bekanntesten vier Solokonzerte für Violine und Orchester (Violinkonzerte) heißen *Die vier Jahreszeiten*. Zwei davon hast du gerade kennengelernt.

■ Aufgabe 2

Hör die Geschichte (◉ 37) nochmals. Zu welchem Satz gehören die folgenden Kurzbeschreibungen? Ergänze mit den zutreffenden Buchstaben. Der Reihe nach ergibt das Lösungswort die Bezeichnung für etwas, das beim Geigenspiel hilft.

N	Vögel als Vorboten des Frühlings	U	Schlaf, Hundegebell
O	Kalter Nordwind nach kurzem wärmeren Südwind	K	erstarrtes Zittern in der Kälte, Wind
L	Ruhe in der warmen Stube	M	Hirtentanz

	Winter 1. Satz	*Winter* 2. Satz	*Winter* 3. Satz	*Frühling* 1. Satz	*Frühling* 2. Satz	*Frühling* 3. Satz
Lösungswort		O		O	F		I		

■ Aufgabe 3

Unterstreiche die richtige Bezeichnung der Teile einer Violine.

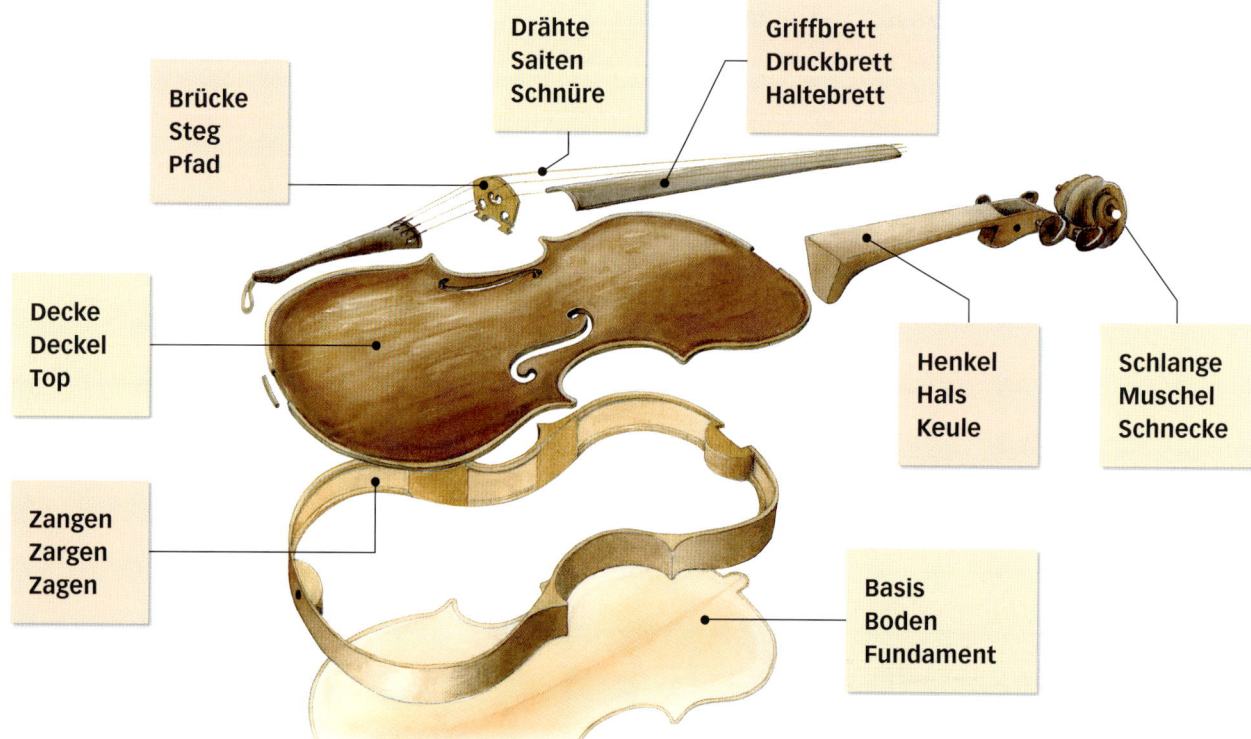

Drähte / Saiten / Schnüre

Griffbrett / Druckbrett / Haltebrett

Brücke / Steg / Pfad

Decke / Deckel / Top

Zangen / Zargen / Zagen

Henkel / Hals / Keule

Schlange / Muschel / Schnecke

Basis / Boden / Fundament

Winter und Frühling: Arbeitsblatt 1

Spiel-mit-Satz

Aufgabe 1

Hör dir den zweiten Satz aus dem *Winter* von Antonio Vivaldi an (38) und versuche dabei die Melodie in den Noten zu verfolgen. Was fällt dir auf? Kreuz an (mehrere möglich).

☐ Der Solist verziert wie damals üblich die aufgeschriebene Melodie.

☐ Der Solist gestaltet die aufgeschriebene Melodie frei aus.

☐ Der Solist spielt viel tiefer.

Aufgabe 2

GRUPPENARBEIT

Gruppe 1 spielt von Anfang bis Ende die gleichmäßigen Sechzehntel der Regentropfen, die draußen ans Fenster klopfen. Sie hat folgende Möglichkeiten:

- Li Zeigefinger klopft auf den re Handrücken oder umgekehrt.
- Ein Zeigefinger oder beide (abwechselnd oder gleichzeitig) klopfen auf den Tisch.

Gruppe 2 zeigt mit Bewegungen, wie wohl man sich am warmen Kamin in der Stube fühlt.

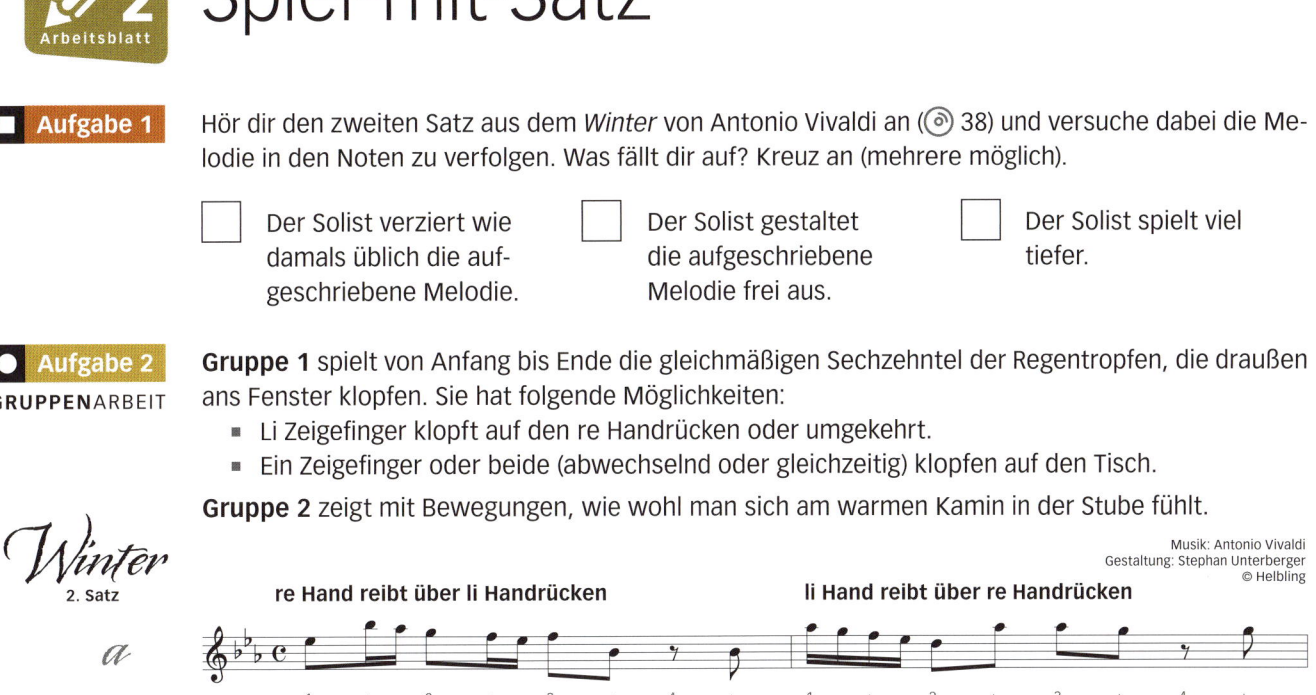

Musik: Antonio Vivaldi
Gestaltung: Stephan Unterberger
© Helbling

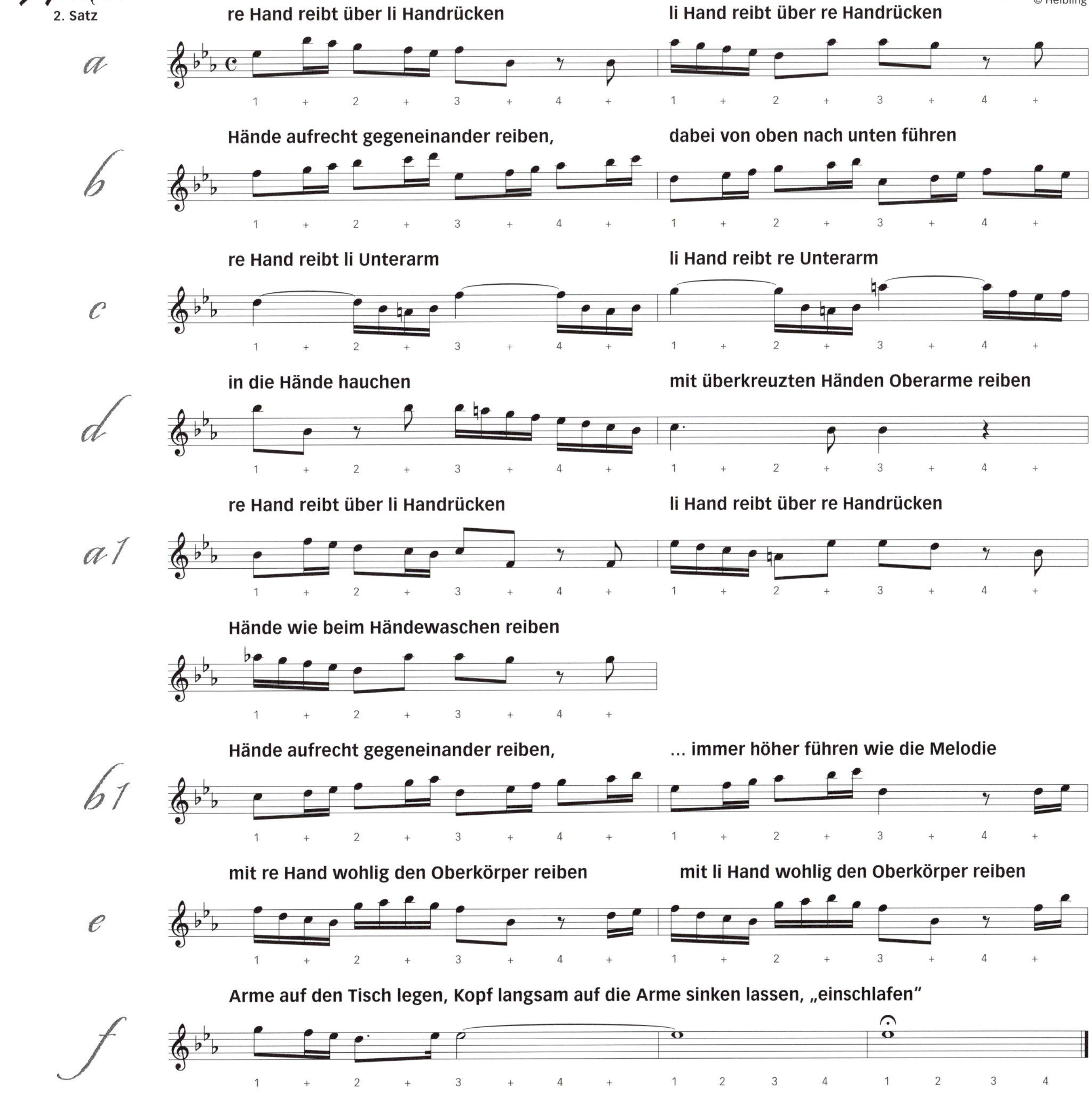

Winter
2. Satz

a — re Hand reibt über li Handrücken / li Hand reibt über re Handrücken

b — Hände aufrecht gegeneinander reiben, / dabei von oben nach unten führen

c — re Hand reibt li Unterarm / li Hand reibt re Unterarm

d — in die Hände hauchen / mit überkreuzten Händen Oberarme reiben

a1 — re Hand reibt über li Handrücken / li Hand reibt über re Handrücken

Hände wie beim Händewaschen reiben

b1 — Hände aufrecht gegeneinander reiben, / ... immer höher führen wie die Melodie

e — mit re Hand wohlig den Oberkörper reiben / mit li Hand wohlig den Oberkörper reiben

f — Arme auf den Tisch legen, Kopf langsam auf die Arme sinken lassen, „einschlafen"

Winter und Frühling: Arbeitsblatt 2

Peer Gynt

Klassik-Highlight von Edvard Grieg

Kopiervorlagen

	Hörgeschichte
ARBEITS-BLATT **1**	*Text und Musik*
2	*Morgenstimmung*

Audiobeispiele

43 – 48	Hörgeschichte mit Musikausschnitten aus E. Grieg: *Peer Gynt*-Suiten 1 und 2

Zwischen der norwegischen Halle des Bergkönigs und den ägyptischen Memnon-Kolossen erfüllt sich das Schicksal von Peer Gynt. Die großartige Musik von Edvard Grieg macht seine Geschichte unsterblich.

Die Dichtung

Henrik Ibsens *Peer Gynt* ist wie Goethes *Faust* ein zeitloses Stück über die Tiefen der menschlichen Seele.

Peer ist ein Fantast und Hochstapler, ein Bauernjunge, der davon träumt, Kaiser zu werden. Er verlässt seine Mutter und Solvejg, die ihn liebt, entkommt den Trollen und macht sich auf, die Welt zu erobern. In Afrika gelangt er als Sklavenhändler zu unermesslichem Reichtum. In Ägypten wird er in einem Irrenhaus in Kairo zum Kaiser der Selbstsucht gekrönt. Als alter Mann kehrt er nach Hause zurück. Dort trifft er auf Solvejg, die auf ihn gewartet hat.

Es ist die Geschichte eines Glücksritters, der sich die Welt untertan machen will und am Ende erkennt, dass er sein eigentliches Lebensziel verfehlt hat. Henrik Ibsens Werk, das auf der Vorlage eines norwegischen Märchens basiert, portraitiert 1867 eine Gesellschaft, die in einem fort vor sich selbst davonläuft.

Ibsens Theaterstück ist für jüngere Schüler so wenig geeignet wie Goethes *Faust*. Wir haben daher für die Hörgeschichte nur besonders spannende Handlungsdetails herausgegriffen und lassen sie vom Trollkönig bzw. dem Dschinn-König aus Marokko erzählen. Die Rückkehr Peers nach Norwegen ist zeitlich vorverlegt, bei Ibsen gibt es hier einen Sprung von 30 Jahren.

Die Musik

Grieg war – wohl mit Recht – der Meinung, seine Bühnenmusik würde außerhalb Norwegens wenig Beachtung finden. Daher stellte er daraus 1888 und 1891 zwei Orchestersuiten zusammen, die sich durchsetzten und heute zu den bekanntesten Werken des Komponisten gehören und absolute Klassik-Highlights sind.

Einstimmung

Sprechen Sie mit der Klasse über Heldenfiguren:
- Sind alle Helden gut? Handeln alle Helden richtig?
- Warum mag man sie trotzdem? [Weil sie Dinge können, die man selber nie könnte; weil sie Erfolg haben; weil sie bewundert werden …]
- Wer kennt Antihelden? [von Till Eulenspiegel bis zu modernen Filmfiguren wie Spider-Man, Batman]

Arbeitsblatt 1: *Text und Musik*

In Aufgabe 1 bringen die Schüler Leitwörter der Hörgeschichte in die richtige Reihenfolge. Aufgabe 2 soll zeigen, dass die Begriffe „gut" und „schlecht" wenig geeignet sind um Menschen zu charakterisieren. Am besten wird der Lehrer wohl eine Klassendiskussion leiten und dabei an die *Einstimmung* (s. o.) anknüpfen. Danach folgen praktische Gestaltungs- und Höraufgaben.

Arbeitsblatt 2: *Morgenstimmung*

Erfahrenere Schüler können die Melodie übernehmen; das Musizieren der Begleitstimmen ist einfach.

Eine kognitive Ergänzung führt zum Erkennen der Pentatonik.

Hörgeschichte

„Trollwechsel"-Schild in Norwegen

43 *In der Halle des Bergkönigs*

„Haalt, haaaalt! Haltet ihn auf!"

Zu spät. Peer Gynt war wieder einmal auf und davon. Da konnte selbst ich als Trollkönig nichts machen. Er war in meine Halle eingedrungen, um meine Tochter zu entführen! Gott sei Dank hatten ihn meine Wächter rechtzeitig bemerkt!

Ach, dieser Peer, der ist wirklich ein Nichtsnutz! Er lügt, immer und immer wieder. Er träumt, erzählt und erfindet Geschichten. Wenn er Verantwortung übernehmen soll, flieht er und sucht das Neue und Unbekannte. Aber ich glaube, er weiß selber nicht, wem oder was er hinterherläuft.

Er war immer ein Sorgenkind seiner Mutter, die ihn allein aufziehen musste. Peers Vater, ein reicher Bauer, hatte sie im Stich gelassen. Das ist natürlich traurig, aber muss man sich deshalb gleich so benehmen wie Peer?

Neulich, das war wieder ein starkes Stück: Auf einer Hochzeitsfeier lernte er die liebliche Solvejg kennen. Beide verliebten sich ineinander.

44 *Solvejgs Lied* 1

Aber dann betrank sich Peer, ließ Solvejg im Stich und entführte die Braut in die Berge. Natürlich verließ er diese auch gleich wieder, und dann … tja dann – war Peer Gynt auf einmal verschwunden.

Nach einigen Monaten wollte ich schon einen meiner Dämonen aussenden, um nach Peer zu suchen, da kam plötzlich ein Brief von meinem entfernten Verwandten, dem Dschinn-König aus Marokko. Da hieß es:

„Lieber Vetter Trollkönig, salam alaikum! Beim Namen Gottes, des Gnädigen und Barmherzigen, Friede sei mit dir, deiner Familie und deinem Volk! …" usw. usw. So geht's noch eine halbe Seite lang in der blumigen Sprache des Orients weiter, das lasse ich jetzt aus. Aber dann, dann kommt etwas Interessantes:

„Vor einigen Wochen tauchte hier ein steinreicher Geschäftsmann auf, der sich Peer Gynt nannte. Er hatte sein vieles Geld wohl mit dem Sklavenhandel verdient. Ich dachte gleich, das muss ein Untertan meines lieben Vetters, des Trollkönigs, sein.

Memnon-Koloss in Ägypten

45 *Arabischer Tanz*

Die Geschäftspartner Peers erwiesen sich dann als räuberische Gauner: Sie kaperten und entführten dessen Schiff mit allen Reichtümern. Peer war natürlich furchtbar wütend und verzweifelt; darauf verschwand er spurlos.

Dann tauchte er plötzlich als Orient-Forscher wieder auf: Peer hatte von einer magischen Figur in der Wüste gehört. Immer bei Sonnenaufgang soll sie vom Geheimnis des Lebens singen. Tja, die Sonnenaufgänge in der Wüste, die solltest du auch einmal erleben, Vetter Trollkönig!

46 *Morgenstimmung*

Angeblich sagte die magische Figur Peer voraus, die Dämonen würden ihn vernichten, wenn sich nicht eine junge Frau findet, die zu ihm hält. Daraufhin bestieg er so schnell wie möglich das nächste Schiff nach Norwegen. Vor der Küste geriet es aber in einen schweren Sturm und kenterte schließlich. Das ist das letzte, was ich von ihm weiß."

47 *Peer Gynts Heimkehr*

Und mit langen, blumigen Lobliedern auf mich und meine Familie endete der Brief meines Verwandten aus Marokko.

Wie bitte? Ah, gut! Ein Trollbote berichtet mir gerade, Peer sei es gelungen, an eine Planke geklammert mit letzter Kraft die Küste zu erreichen.

Und nun muss sich die Voraussage der Figur erfüllen und die Dämonen werden ihn töten. Ich glaube nicht, dass eine junge Frau zu diesem Wüstling stehen und ihn auf den rechten Weg bringen will.

Aber was ist das? Peer ist bis zu Solvejgs Hütte gekommen. Drinnen singt sie ihr Lied: Sie liebt Peer immer noch! Beschämt will Peer wieder leise verschwinden, er hat erkannt, dass er ihre große Liebe nicht verdient. Doch da, die Türe geht auf, Solvejg kommt heraus, sieht den unglücklichen Peer und – nimmt ihn in die Arme!

So scheint Peer am Schluss dank Solvejgs Hilfe sein Lebensziel doch noch gefunden zu haben.

48 *Solvejgs Lied 2*

Hütte in Norwegen

1 Arbeitsblatt

Text und Musik

INFO

Peer Gynt ist ein Theaterstück (1876) des norwegischen Dichters Henrik Ibsen (Bild links) und ein zeitloses Stück über die Tiefen der menschlichen Seele. Der norwegische Bauernjunge Peer ist ein Fantast, ein Hochstapler und Glücksritter, der davon träumt, Kaiser zu werden und sich die Welt untertan zu machen. Am Ende erkennt er, dass er sein eigentliches Lebensziel verfehlt hat. Edvard Grieg hat die Musik zu dem Drama geschrieben.

Aufgabe 1 Hör nochmals die Geschichte (◎ 43) oder lies ihren Text und nummeriere die Leitwörter der Handlung in der richtigen Reihenfolge.

☐ Hochzeits-feier	☐ Halle des Bergkönigs	☐ Solvejgs Hütte
☐ Schiff-bruch	☐ reicher Geschäftsmann	☐ Figur in der Wüste

Aufgabe 2
GRUPPENARBEIT

Diskutiert zu zweit folgende Aussagen:

- „Peer ist ein schlechter Mensch."
- „Peer ist ein unsicherer Mensch."
- „Peer möchte der Enge seiner Heimat entfliehen."

- „Peer ist rücksichtslos."
- „Peer kennt keine Liebe."
- „Peer ist verantwortungslos."

In der *Halle des Bergkönigs* gelingt es Peer gerade noch den Trollen zu entkommen. Edvard Grieg verwendet hier zwei musikalische Techniken, um die Spannung zu steigern: ein **Crescendo** (sprich: kreschendo), die Musik wird allmählich lauter, und ein **Accelerando** (sprich: aktschelerando), die Musik wird allmählich schneller.

INFO

Trollstatue

Aufgabe 3 Hör dir nochmals den Ausschnitt aus der *Halle des Bergkönigs* an (◎ 43) an. Schlage abwechselnd mit der rechten und linken flachen Hand zum Rhythmus auf den Tisch, immer so leise, dass du das Tempo der Musik noch gut hörst. Steh in der Musikpause gegen Schluss auf und wirf bei jedem Orchesterschlag deine Arme in die Höhe.

Aufgabe 4 Hör nochmals den Teil *Peer Gynts Heimkehr* (◎ 47). Welche Mittel der Tonmalerei kannst du erkennen? Unterstreiche die zutreffenden.

INFO

Grieg schildert die Handlung zum Teil mit Mitteln der Tonmalerei.

Schiff im Sturm: Gemälde von William Turner

- Auf- und abwärts verlaufende chromatische (halbtonschrittweise) Tonleitern stellen den Sturm dar.
- Ein schwingender Dreiertakt deutet das Schaukeln des Schiffes auf den Wellen an.
- Ein harter Schlag des ganzen Orchesters stellt dar, wie das Schiff gegen die Klippen geschleudert wird.
- Immer höher wiederholte Motive zeigen die steigende Gefahr.
- Rhythmische Paukenschläge stellen das Abfeuern von Schiffskanonen dar.

Peer Gynt: Arbeitsblatt 1

Morgenstimmung

INFO

Aufgabe 1

Hör nochmals den Musikausschnitt *Morgenstimmung* (◎ 46).

Das Musikstück war ursprünglich als Vorspiel zum vierten Akt des Dramas von Henrik Ibsen gedacht und wurde inzwischen in Werbung, Film und Fernsehen so oft verwendet, dass die Melodie zu den bekanntesten überhaupt zählt. Peer Gynt befindet sich in Nordafrika und beobachtet, wie die Sonne über der Wüste aufgeht. Flöten und Oboen beginnen, ehe die Melodie im vollen Strom der Streicher erklingt.

Aufgabe 2

GRUPPENARBEIT

Musiziert den Spielsatz. In dem verwendeten Tonvorrat fehlen zwei Töne der Reihe von c. Man nennt solch eine Tonleiter pentatonisch (penta = fünf), weil sie nur fünf Töne hat. Benenne die verwendeten und die fehlenden Töne. Entferne die nicht benötigten Klangstäbe aus den Stabspielen.

Morgenstimmung in der Wüste

Tonreihe: c – ☐ – ☐ – ☐ – ☐

Fehlende Töne: ☐ und ☐

Morgenstimmung

Musik: nach Edvard Grieg
Einrichtung: Stephan Unterberger
© Helbling

Aus der Neuen Welt

Dvořáks sinfonisches Meisterwerk

Kopiervorlagen

🔊	Hörgeschichte
1	*Die vier Sätze*
2	*Spielsatz*

Audiobeispiele

49–55	Hörgeschichte mit Musikausschnitten aus A. Dvořák: Sinfonie Nr. 9 *Aus der Neuen Welt*

Eines der schönsten und gelungensten Beispiele interkultureller Begegnung und zugleich ein singuläres Meisterwerk der Musik ist Dvořáks Sinfonie *Aus der Neuen Welt*.

Dvořák und die USA

Wie kommt ausgerechnet ein Vertreter der tschechischen nationalen Schule dazu, eine Sinfonie über die *Neue Welt* zu schreiben? Es war ein Glücksfall der Musikgeschichte:

Die Präsidentin des National Conservatory of Music of America Jeannette Thurber bot dem damals bereits weltbekannten Komponisten Antonín Dvořák an, Direktor dieses Instituts zu werden. Die Bezahlung von 15.000 Dollar jährlich war vielfach höher als sein letztes Gehalt als Lehrer am Prager Konservatorium und somit ein attraktives Angebot. Zudem ließ sich Dvořák von Thurbers Idee begeistern, Amerika von der Vorherrschaft der europäischen Kunstmusik zu lösen und eine spezifisch amerikanische Musik zu fördern.

Im September 1892 trat Dvořák seine Stelle an. Seine Frau und zwei Kinder begleiteten ihn, die anderen vier Kinder kamen nur für die Sommermonate 1893 in die USA.

Die Sinfonie
Aus der Neuen Welt

Dvořák hat in den USA immer wieder sein Interesse an amerikanischer Musik geäußert: „Seit ich in diesem Lande bin, galt mein tiefstes Interesse der Volksmusik der Neger und Indianer." Er bestritt aber, indianische oder afroamerikanische Motive ver-

Antonín Dvořák

wendet zu haben und meinte: „Ich habe nur im Geiste dieser amerikanischen Volkslieder geschrieben."

Dies kann man z. B. an der Englischhorn-Melodie des zweiten Satzes erkennen: Die pentatonischen Anklänge könnten auf die Musik der Indianer hinweisen. Dvořák wurde durch eine Szene aus Longfellows Dichtung *Hiawatha* zu diesem Satz angeregt. Er ist die Klage dieses Häuptlings des Irokesenbundes über den Tod seiner Gefährtin.

Weitere Einflüsse amerikanischer Musik sind die für Spirituals typischen Synkopen (Haupt- und Seitenthema des 1. Satzes). Daneben lässt Dvořák aber auch immer wieder Einflüsse der heimatlichen Volksmusik durchklingen, wie z. B. beim Ländler des zweiten Scherzo-Trios.

Aus der Neuen Welt ist heute das bekannteste Werk Dvořáks und gehört zu den meistgespielten Sinfonien weltweit. Sie stellt den letzten Gipfelpunkt in seinem sinfonischen Schaffen dar und er schrieb danach keine weitere Sinfonie mehr.

Arbeitsblatt 1: *Die vier Sätze*

Nach einem kleinen Buchstabenrätsel üben die Schüler hier, die Musikausschnitte voneinander zu unterscheiden und sie lernen Hauptmerkmale der vier Sätze kennen. Sagen Sie jeweils die Nummern der angespielten Hörbeispiele an. Aufgabe 4 ist etwas anspruchsvoller. Spielen Sie dazu evtl. nochmals die Aufnahmen 🔊 49–51 und 53 vor.

Arbeitsblatt 2: *Spielsatz*

Im Idealfall spielt eine Oboe die Melodie, doch ist auch jede andere Besetzung möglich. Achten Sie auf ein gleichförmiges, langsames Tempo!

🦻 Hörgeschichte

🔊 49 1. Satz

Was für eine mächtige, dramatische Musik! Gestern, am 16. Dezember 1893, ist diese 9. Sinfonie von Antonín Dvořák in New York zum ersten Mal aufgeführt worden. Und mit welchem Erfolg! Dvořák berichtete nach Prag:

„Die Zeitungen sagen, noch nie hatte ein Komponist einen solchen Triumph. Die Leute applaudierten so viel, dass ich mich wie ein König aus der Loge bedanken musste!"

Ja, das ist es nun, sein bestes Werk: Acht Sinfonien hat er schon geschrieben, aber an diese neunte kommt keine bisherige heran, er hat sie *Aus der Neuen Welt* genannt.

„Neue Welt": Bezeichnung für Amerika im Gegensatz zur „Alten Welt" Europa

Wenn Dvořák zurückdenkt, muss er lächeln. Vor 50 Jahren hätte niemand gedacht, dass aus dem Sohn eines Metzgers und Zitherspielers in einem tschechischen Dorf ein weltbekannter Komponist werden würde. Aber mit viel Energie und Fleiß ist ihm der Aufstieg gelungen: zuerst als Organist, dann als Bratscher in einem Orchester; daneben studierte er immer wieder die klassischen Komponisten und lernte und lernte …

Seine Kompositionen wurden immer besser und schließlich kamen Erfolge und Ehrungen. Gerade als er nach Cambridge abreisen wollte, um dort das Ehrendoktorat zu erhalten, kam aus New York ein Telegramm: „Would You accept position Director National Conservatory of Music New York?"

Eigentlich war Dvořák am liebsten mit seiner Familie in seiner Heimat Tschechien, aber dieses Angebot, Direktor eines Konservatoriums, einer Art Musikhochschule, in New York zu werden, konnte er nicht ablehnen: Die Bezahlung war um ein Vielfaches höher als sein bisheriges Gehalt als Lehrer am Konservatorium in Prag.

Aber nun drückt Dvořák doch ein wenig das Heimweh. Vor einem Jahr hat er seine Stelle angetreten, er musste aber für den dreijährigen Aufenthalt eine Lösung für seine große Familie finden. Seine Frau und zwei seiner Kinder begleiteten ihn, die anderen vier kamen nur für die Sommermonate in die USA.

Sein Heimweh spürt man auch im zweiten Satz der Sinfonie mit seiner sehnsüchtigen Melodie für Englischhorn, eine tiefere Oboe.

🔊 50 2. Satz

Diese Melodie verwendet eine Tonleiter, die oft auch in der Musik der Indianer zu finden ist. Die amerikanische Volksmusik hat Dvořák immer sehr interessiert. Aber einem Journalisten sagte er einmal:

„Ich habe keine indianischen Melodien verwendet. Ich habe nur im Geiste dieser amerikanischen Volkslieder geschrieben."

Indianertanz

Wie üblich steht der dritte Satz, ein Scherzo, im schnellen Dreiertakt. Dabei könnten die New Yorker Zuhörer wohl an einen lebhaften Indianertanz gedacht haben.

🔊 51 3. Satz

Aber etwas später folgt eine anmutige, typisch tschechische Walzermelodie. Hier kommt die Sehnsucht nach der alten Heimat zum Ausdruck, die das Bild des Indianertanzes unterbricht.

🔊 52 3. Satz, Trio 2

Immer wollte Dvořák mit seinen Werken unverkennbar tschechisch sein: Heimatliebe, Naturverbundenheit, aber auch Lebensfreude bestimmen seine Musik.

Der Blick über die Grenzen hat sich gelohnt: Die Sinfonie verbindet zwei Welten. Der vierte Satz beginnt dynamisch und energisch und symbolisiert zunächst die Neue Welt.

Tschechischer Volkstanz

🔊 53 4. Satz, Beginn

Kurze Zeit später folgt wieder ein Heimweh-Thema der Klarinetten als Symbol für die Alte Welt, Dvořáks Heimat.

🔊 54 4. Satz, Klarinettenthema

Am Schluss gibt es aber noch einen mitreißenden Höhepunkt, der triumphal die *Neue Welt* darstellt. Trotzdem ist es keine amerikanische Musik, aber sie vermittelt den Mut zu einem Aufbruch in eine bessere Welt.

Kein Wunder, dass diese Sinfonie bis heute zu den beliebtesten Werken Dvořáks gehört!

🔊 55 4. Satz, Schluss

Aus der Neuen Welt: Hörgeschichte

KOPIERVORLAGE

Stephan Unterberger: **Musik erzählen 2** © Helbling   43

Die vier Sätze

Arbeitsblatt 1

● **Aufgabe 1**

Bring nach dem Anhören der Geschichte (◎ 49) die Buchstaben dieser Wörter in die richtige Reihenfolge.

YERWONK →

N							

TELENEWU →

N							

NETSCHEICH →

T								

● **Aufgabe 2**

Hör nochmals Musikausschnitte aus Antonín Dvořáks 9. Sinfonie mit dem Titel *Aus der Neuen Welt* und merk dir die Themen der Sätze.

◎ 49	1. Satz: 4/8-Takt, Adagio (langsam), dann 2/4-Takt, Allegro (schnell)
◎ 50	2. Satz: 4/4-Takt, Largo (sehr langsam)
◎ 51	3. Satz, Scherzo: 3/4-Takt, Molto Vivace (sehr lebhaft)

◎ 52	3. Satz, Trio: 3/4-Takt
◎ 53	4. Satz: 4/4-Takt, Allegro con fuoco (feuriges Allegro = schnelles Tempo)
◎ 55	4. Satz, Schluss

■ **Aufgabe 3**

Ordne die Buchstaben aus den Beschreibungen den CD-Nummern rechts zu. Das Lösungswort nennt jene Stadt, von der aus die Dvořáks mit dem Schiff nach New York fuhren.

Nach kurzer Einleitung stellen die Blechbläser ein energisches, marschartiges Thema vor (E). Nach Paukenschlägen in der langsamen Einleitung entwickelt sich das Hauptthema in den tiefen Streichern. Im Allegro steigt es in den Hörnern auf und wird vom ganzen Orchester aufgenommen (B). Ein vom Englischhorn (tiefere Oboe) vorgetragenes Thema vermittelt schmerzliche Melancholie (R). Im mitreißenden Finale erklingt noch einmal mächtig das Hauptthema des vierten Satzes, vermischt mit dem aus dem ersten Satz (N). Ein rhythmisch markantes Thema in schnellem Tempo könnte einen Indianertanz darstellen (E). Ein vor allem von Holzbläsern gespieltes walzerartiges Thema trägt tschechische Züge (M).

◎ 49	
◎ 50	
◎ 51	
◎ 52	
◎ 53	
◎ 55	

Lösungswort: _____

■ **Aufgabe 4**

Sieh dir die Notenausschnitte an und ordne ihnen eine Satznummer zu.

Thema in Satz ☐

Allegro-Teil von Satz ☐

Thema in Satz ☐

Scherzo-Thema in Satz ☐

Spielsatz

⭐ **Aufgabe 1** Musiziert gemeinsam das Hauptthema aus dem zweiten Satz. Für die Oberstimme eignen sich alle Melodieinstrumente und/oder Glockenspiel, für die Mittelstimmen (ein oder zwei Spieler) Metallofone, Keyboard, Klavier, für die Unterstimmen (ein oder zwei Spieler) Bassinstrumente, Klavier.

Musik: Antonín Dvořák
Einrichtung: Stephan Unterberger
© Helbling

Largo (sehr langsam)

Melodie-instrument

Metallofon

Bass

Original: Des-Dur

⭐ **Aufgabe 2** Schreib in die Notenzeile den Tonvorrat der dritten Zeile der Melodie auf und darunter die Notennamen.

Notennamen

Wie viele Töne/Tonnamen benötigst du? _____   Welche kommen nicht vor? _____ und _____

Ergänze den Merksatz:

Diese Reihe mit _____ Tönen ohne Halbtonschritte nennt man Pentatonik (griech. penta = fünf).

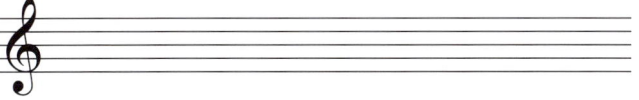

Lösungen der Arbeitsblätter

Der Freischütz

Seite 9: Arbeitsblatt 1

CD 02: Bild rechts oben – CD 03: Bild links unten – CD 04: Bild links oben – CD 05: Bild rechts unten

Seite 10: Arbeitsblatt 2

- **Aufgabe 1:** Webers Vater hatte eine reisende Theatergruppe. – Die Familie Weber war ständig auf Reisen. – Webers Vater war ein wenig erfolgreicher Musiker.
- **Aufgabe 2:**
  - Natur: Wald, Wolfsschlucht, Nacht, Einsiedler, Jägerleben
  - Unheimliches / Übernatürliches: Nacht, abgelenkte Kugel, Geister, Wolfsschlucht, Teufel, Zauberei
  - Erlösung: Einsiedler, abgelenkte Kugel, Vergebung
- **Aufgabe 3:** ☐1 Voller Orchesterklang symbolisiert das Dämonische und Dramatische. ☐2 Hörnerklang und eine Soloklarinette verweisen auf Jagd und Natur. ☐3 Eine sanfte Streichermelodie stellt Agathes reine Liebe zu Max dar.

Das Klarinettenkonzert

Seite 14: Arbeitsblatt 1

- **Aufgabe 1:** BAS | SETT | KLA | RI | NET | TE – ANTON STAD | LER
- **Aufgabe 2:** Erstes Notenbeispiel: Satz ☐2 – zweites Notenbeispiel: Satz ☐3 – drittes Notenbeispiel: Satz ☐1

Seite 15: Arbeitsblatt 2

- **Aufgabe 2:** b
- **Aufgabe 3:** Satz a stimmt für Flöteninstrumente, Satz c für Oboe und Fagott.

Die Chaconne

Seite 18: Arbeitsblatt 1

- **Aufgabe 1:** CHACONNE – CEMBALO – FEDERKIEL – VARIATION
- **Aufgabe 2:** ☐1 Der Kiel reißt die Saite an. ☐2 Die Saite schwingt und klingt. ☐3 Der Kiel in der beweglichen Zunge weicht aus. ☐4 Die Saite wird gedämpft.
- **Aufgabe 3:** Das Cembalo ist ein Zupfinstrument – Saiteninstrument – Tasteninstrument. Die Blütezeit des Cembalos währte 300 Jahre – vom 16. bis ins 18. Jahrhundert. Beim Cembalo wird die Saite mit einem Federkiel angerissen. Das Cembalo kann nicht dynamisch spielen. Am Cembalo häufig eingesetzte Verzierungen: Arpeggios – Triller. Das vor 300 Jahren erfundene Instrument, mit dem man laut und leise spielen konnte, nennt man Pianoforte – Fortepiano. Voller Name für das Cembalo: Clavicembalo. Wie kann man den Klang des Cembalos beschreiben? silbrig – glänzend. Händel hat seine *Chaconne* für Cembalo geschrieben.

Mozarts Klaviervariationen

Seite 22: Arbeitsblatt 1

- **Aufgabe 1:** ☐1 Das Thema beginnt mit einem Quintsprung (fünf ☐2 Tonschritte) aufwärts, dann steigt es noch einen ☐3 Tonschritt weiter in die sechste Stufe. Danach ☐4 sinken die Töne schrittweise bis zum Grundton c ab. Im ☐5 B-Teil finden wir zwei Mal eine absteigende ☐6 Tonleiter von der fünften (g) bis zur zweiten Stufe (d).
- **Aufgabe 2:** Variation 1 (CD 17) ▶ Notenbeispiel oben rechts – Variation 2 (CD 18) ▶ unten rechts – Variation 5 (CD 19) ▶ viertes rechts – Variation 8 (CD 20) ▶ oben links – Variation 10 (CD 21) ▶ mittleres rechts – Variation 11 (CD 22) ▶ zweites rechts – Variation 12 (CD 23) ▶ unten links

Seite 23: Arbeitsblatt 2

- **Aufgabe 4:**
Variation B, Variation C, Variation D: siehe Noten unten

Beethoven

Seife 27: Arbeitsblatt 1

- **Aufgabe 1:** ~~Wer taub ist, kann nichts komponieren.~~ – Beethoven war für Freiheit, Gleichheit und ~~Gemütlichkeit.~~ – ~~Er hatte zwei Schwestern.~~
- **Aufgabe 2:** 4 Gleich am Anfang beginnen … – 3 Der erste Satz beginnt … – 1 Das Allegro beginnt … – 2 Beethovens Klavierschüler … Noten eins: 1 – Noten zwei: 3 – Noten drei: 4 – Noten vier: 2

Sommer und Herbst

Seife 32: Arbeitsblatt 1

- **Aufgabe 1:**
  - *Sommer* 1. Satz, CD 31: *Ein sanftes Lüftchen weht … doch plötzlich beginnt der kalte Nordwind …* – Hitze, dann Sturm
  - *Sommer* 2. Satz, CD 32: D*ie Furcht vor Blitzen …* – Schlaf, gestört von Insekten und …
  - *Sommer* 3. Satz, CD 33: *Es donnert und blitzt der Himmel …* – schweres Gewitter
  - *Herbst* 1. Satz, CD 34: *Der Bauer feiert mit Tänzen …* – Erntefest mit reichlich Wein
  - *Herbst* 2. Satz, CD 35: *Die milde Luft umschmeichelt …* – tiefer Schlaf nach allzu viel …
  - *Herbst* 3. Satz, CD 36: *Von der Flucht erschöpft stirbt das Tier.* – verfolgtes Wild, Jagd
- **Aufgabe 2:** Kreuzworträtsel (siehe unten)

Winter und Frühling

Seife 36: Arbeitsblatt 1

- **Aufgabe 1:** Musikalische Fachbegriffe aus dem Italienischen: Stradivari, Violine, Vivaldi, Largo, Maestro, Appassionato, Allegro
- **Aufgabe 2:** Lösungswort: KOLOFONIUM
- **Aufgabe 3:** Steg – Saiten – Griffbrett – Hals – Schnecke – Boden – Zargen – Decke

Seife 37: Arbeitsblatt 2

- **Aufgabe 1:** Der Solist verziert wie damals üblich die aufgeschriebene Melodie. – Der Solist gestaltet die aufgeschriebene Melodie frei aus.

Peer Gynt

Seife 40: Arbeitsblatt 1

- **Aufgabe 1:** 1 Halle des Bergkönigs – 2 Hochzeitsfeier – 3 reicher Geschäftsmann – 4 Figur in der Wüste – 5 Schiffbruch – 6 Solvejgs Hütte
- **Aufgabe 4:** Auf- und abwärts verlaufende chromatische (halbtonschrittweise) Tonleitern stellen den Sturm dar. – Ein harter Schlag des ganzen Orchesters stellt dar, wie das Schiff gegen die Klippen geschleudert wird. – Immer höher wiederholte Motive zeigen die steigende Gefahr.

Seife 41: Arbeitsblatt 2

- **Aufgabe 2:** Pentatonische Tonreihe: c – d – e – g – a; fehlende Töne: f und h

Aus der Neuen Welt

Seife 44: Arbeitsblatt 1

- **Aufgabe 1:** NEW YORK – NEUE WELT – TSCHECHIEN
- **Aufgabe 3:** CD 49: B – CD 50: R – CD 51: E – CD 52: M – CD 53: E – CD 55: N – Lösungswort: BREMEN
- **Aufgabe 4:** Noten links oben: Thema in Satz 2 – Noten rechts oben: Allegro-Teil von Satz 1 – Noten links unten: Thema in Satz 4 – Noten rechts unten: Scherzo-Thema in Satz 3

Seife 45: Arbeitsblatt 2

- **Aufgabe 2:**

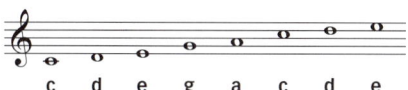

c   d   e   g   a   c   d   e

Man benötigt fünf Töne. Die Noten f und h kommen nicht vor.
Merksatz: Diese Reihe mit fünf Tönen ohne Halbtonschritte nennt man Pentatonik.

Crossword grid:

1. ROSS / SCHLAF
2. WEN
5. VIVALDI
9. SOMMER
10. VENEDIG
12. ALLEGRO
13. TONMALEREI

(Wörter: ROSS, WEN, VIVALDI, JA..., SOMMER, VENEDIG, MÄDCHEN, KAPLIN..., TONMALEREI, u. a.)

Audio-CD

Gesamtspielzeit: 75:39

Der Freischütz
Gesamtspielzeit: 10:12

Alle Musikausschnitte: C. M. v. Weber: *Der Freischütz*; Interpreten: Gundula Janowitz, Peter Schreier, Edith Mathis, Gerhard Paul, Hörn Weber, Rundfunkchor Leipzig, Staatskapelle Dresden, Carlos Kleiber ℗ Deutsche Grammophon 0289 457 7362 9

01	Ouvertüre
02	*Hat denn der Himmel mich verlassen?*
03	*Wie? Was? Entsetzen!*
04	*Samiel! – Samiel! Hilf!*
05	*Schaut! Oh schaut!*
06	*Wer rein ist von Herzen*

Das Klarinettenkonzert
Gesamtspielzeit: 5:57

Alle Musikausschnitte: W. A. Mozart: Klarinettenkonzert KV 622; Sharon Kam (Bassettklarinette), Österreichisch-Ungarische Haydn-Philharmonie, Sharon Kam ℗ Berlin Classics 0016672BC

07	1. Satz
08	2. Satz
09	3. Satz, Beginn
10	3. Satz, Schluss

Die Chaconne
Gesamtspielzeit: 7:26

Alle Musikausschnitte: G. F. Händel: *Chaconne* in G-Dur, HWV 435; 11–14: Ottavio Dantone ℗ ARTS MUSIC 47699-2 15: Trevor Pinnock ℗ Polydor 447 290-2

11	Thema
12	Variationen 1 und 2
13	Variationen 5 und 6
14	Variation 10
15	Variationen 19 bis 21

Mozarts Klaviervariationen
Gesamtspielzeit: 6:56

Alle Musikausschnitte: W. A. Mozart: Klaviervariationen über *Ah, vous dirai-je maman*, KV 265; Fazil Say ℗ Warner Music France 398421970-2

16	Thema
17	Variation 1
18	Variation 2
19	Variation 5
20	Variation 8
21	Variation 10
22	Variation 11
23	Variation 12

Beethoven
Gesamtspielzeit: 9:19

Alle Musikausschnitte von L. v. Beethoven

24	*Fidelio* Ouvertüre
	Sinfonieorchester des Bayerischen Rundfunks, Sir Colin Davis ℗ BMG Classics 09026 68344 2
25	*Albumblatt für Elise*
	Nefeli Mousoura ℗ Helbling
26	1. Klaviersonate 1. Satz
	Friedrich Gulda ℗ Amadeo 415 244-2
27	3. Klavierkonzert 3. Satz
	Fazıl Say, Frankfurter Radio Sinfonie-Orchester, Gianandrea Noseda ℗ Naïve V 5347
28	3. Sinfonie (*Eroica*) 1. Satz
29	3. Sinfonie (*Eroica*) 2. Satz
	28/29: Tonhalle Orchester Zürich, David Zinman ℗ Arte Nova 74321 49695 2
30	*Albumblatt für Elise*
	Nefeli Mousoura ℗ Helbling

Sommer und Herbst
Gesamtspielzeit: 8:49

Alle Musikausschnitte: A. Vivaldi: *Die vier Jahreszeiten*; Andrew Manze; Ton Koopman; Amsterdam Baroque Orchestra ℗ ERATO 4509-94811-2

31	*Sommer* 1. Satz
32	*Sommer* 2. Satz
33	*Sommer* 3. Satz
34	*Herbst* 1. Satz
35	*Herbst* 2. Satz
36	*Herbst* 3. Satz

Winter und Frühling
Gesamtspielzeit: 9:16

Alle Musikausschnitte: A. Vivaldi: *Die vier Jahreszeiten*, Aufnahmen 37, 39–42: Andrew Manze; Ton Koopman; Amsterdam Baroque Orchestra ℗ ERATO 4509-94811-2

37	*Winter* 1. Satz
38	*Winter* 2. Satz
	Drottningholm Baroque Ensemble & Nils-Erik Sparf ℗ BISCD275
39	*Winter* 3. Satz
40	*Frühling* 1. Satz
41	*Frühling* 2. Satz
42	*Frühling* 3. Satz

Peer Gynt
Gesamtspielzeit: 7:15

Alle Musikausschnitte: E. Grieg: *Peer Gynt*; Academy of St. Martin in the Fields, Sir Neville Marriner ℗ Hänssler CD 98.995

43	*In der Halle des Bergkönigs*
44	*Solvejgs Lied 1*
45	*Arabischer Tanz*
46	*Morgenstimmung*
47	*Peer Gynts Heimkehr*
48	*Solvejgs Lied 2*

Aus der Neuen Welt
Gesamtspielzeit: 9:43

Alle Musikausschnitte: A. Dvořák: Sinfonie Nr. 9, *Aus der Neuen Welt*; Radio-Symphonie-Orchester Berlin, Ferenc Fricsay ℗ Deutsche Grammophon 463 650 2

49	1. Satz
50	2. Satz
51	3. Satz
52	3. Satz, Trio 2
53	4. Satz, Beginn
54	4. Satz, Klarinettenthema
55	4. Satz, Schluss

CD-Übersicht

Stephan Unterberger: **Musik erzählen 2** © Helbling